MANUEL

D'INSTRUCTION LAÏQUE

IMPRIMERIE C. MARPON ET E. FLAMMARION
RUE RACINE, 26, A PARIS.

EDGAR MONTEIL

MANUEL

D'INSTRUCTION

LAÏQUE

PARIS

C. MARPON ET E. FLAMMARION

ÉDITEURS

26, RUE RACINE, PRÈS L'ODÉON

1884

MANUEL
D'INSTRUCTION LAÏQUE

PREMIÈRE PARTIE

—

DE DIEU

—

Q. — Qu'est-ce que Dieu ?

R. — Nous n'en savons rien.

Q. — Vous niez Dieu ?

R. — Nous ne le nions ni ne l'affirmons. Nous ne savons ce que c'est ; nous ignorons ce que le terme *Dieu* signifie.

Q. — Dieu est celui qui a tout créé et qui régit tout.

R. — Qu'en savez-vous ?

Q. — On le dit.

R. — Ceux qui le disent l'ont-ils vu ou entendu ?

Q. — Non, ils ne l'ont ni vu ni entendu.

R. — Ils ne le connaissent donc pas ; et nous ne le connaissons pas plus qu'eux.

Q. — Vous ne reconnaissez pas un être supérieur dirigeant ?

R. — Pourquoi faire ? Démontrez sa nécessité. Montrez-le nous.

Q. — On ne peut démontrer qu'il est nécessaire et il est invisible.

R. — Alors, il est inutile d'en parler.

Q. — Tout existe par lui et sans lui rien n'existe.

R. — Prouvez-le ?

Q. — Nous ne pouvons le prouver.

R. — Pourquoi donc nous occuper de ce que vous ne pouvez ni montrer ni prouver et que nous ne pouvons comprendre ? Ce mot *Dieu* ne signifie rien, ne veut rien dire. Nous n'avons à nous occuper dans la vie ni d'un principe supérieur, ni de la cause première, ni de la destinée finale. Ce sont toutes choses dont nous ne pouvons rien savoir et sur lesquelles nous ne possédons que des fictions concevables historiquement, mais inconcevables aujourd'hui (1).

Q. — Les dieux qui nous sont offerts par les religions constituent donc de simples fictions ?

R. — De simples fictions, en effet.

Q. — Il ne faut donc pas s'y intéresser ?

R. — Il ne faut pas s'y intéresser pour y croire, mais il faut s'y intéresser pour rétablir le rôle joué par les religions dans l'humanité, en dégager la vérité historique et le néant philosophique.

Q. — Il ne faut donc pas croire en Dieu ?

R. — Il n'y a pas à s'en occuper autrement.

(1) Cette partie, conforme aux doctrines positivistes, a été corrigée par Littré.

DEUXIÈME PARTIE

DE LA RELIGION

SECTION I

SOURCES — HISTOIRE — THÉOLOGIE DE L'ÉGLISE

DES COSMOGONIES OU ORIGINES DE LA RELIGION

Q. — La science expérimentale était-elle connue des anciens ?

R. — Non, la science expérimentale ne date que de ce siècle.

Q. — Qu'est-ce que la science expérimentale ?

R. — La science expérimentale est celle qui est fondée sur l'expérience, sur l'observation des faits, et qui n'admet rien de ce qu'on ne peut prouver (1).

Q. — La philosophie ancienne était-elle très avancée

R. — Elle était portée au plus haut terme où la

(1) La science est ou des mots, ou des faits, ou des choses, dit Nicole. La science religieuse c'était des mots ; nous voulons des faits et des choses, et c'est la science expérimentale.

raison humaine, livrée à elle-même, puisse atteindre.

Q. — Cette raison humaine avait-elle fait découvrir une partie de notre domaine scientifique?

R. — Oui. Les anciens avaient des notions de tout. Ils possédaient notamment des systèmes astronomiques dont nous demeurons éblouis et qui servirent de base à la plupart des religions.

Q. — Que savaient les Juifs par rapport à notre planète?

R. — On trouve dans la Kabbale (1) des Juifs: « Dans l'ouvrage de Chamnouni-le-Vieux (que son saint nom soit béni), il est donné, par un enseignement étendu, la preuve que la Terre tourne sur elle-même en forme de cercle sphérique; quelques habitants sont en haut tandis que d'autres sont en bas; changent d'aspect et de cieux suivant le mouvement de rotation et gardent toujours l'équilibre; ainsi telle contrée est éclairée : c'est le jour, pendant que les autres sont dans les ténèbres : c'est la nuit, et il y a des pays où la nuit est très courte. »

Q. — Que trouve-t-on à ce sujet dans le Thalmud?

R. — Le Thalmud de Jérusalem (2) contient « qu'Alexandre le Grand apprit, dans ses conquêtes, que la Terre était ronde; pour cela on le représente un globe en main. »

Q. — Que dit Aristote?

R. — Aristote nous donne des renseignements sur les croyances des différentes écoles : « Tous ceux

---

(1) La *Kabbale* est une doctrine secrète, philosophique et théologique à la fois, qui prit naissance chez les Juifs environ deux cents ans avant notre ère.

(2) Le Thalmud est une énorme compilation, faite par les rabbins, de toutes les traditions des Juifs. Il y a le Thalmud de Jérusalem et le Thalmud de Babylone.

dit-il « qui affirment avoir étudié le Ciel dans son ensemble prétendent que la Terre est au centre, mais les philosophes de l'école Italique, autrement appelés les Pythagoriciens, enseignent tout le contraire ; dans leur opinion, le centre est occupé par le Feu, et la Terre n'est qu'une étoile dont le mouvement circulaire autour de ce même centre produit la nuit et le jour. »

Q. — Pythagore avait-il deviné ce système astronomique dont parle Aristote?

R. — Non, Pythagore (1) avait rapporté ces croyances de ses voyages.

Q. — Que savez-vous des voyages de Pythagore?

R. — Pythagore, doué d'un esprit investigateur, n'avait pu se contenter de la science des grecs demeurant aux bords du Pénée. Il avait été à Babylone où il

(1) Pythagore, né dans l'île de Samos 569 av. notre ère, mort en 470. Le même temps a donc vu probablement se produire Khoung-Tseu, le Bouddha, Pythagore et Zoroastre.

Pythagore ouvrit à Crotone, puis à Sybaris, après la destruction de cette première ville par l'armée de Milon, une école où ses nombreux disciples furent initiés peu à peu à sa doctrine. Le culte qu'il institua se ressentait des religions de l'Orient. Le rite avait ses fêtes mensuelles, ses ablutions, ses sacrifices. Pythagore défend l'usage des viandes, il interdit les mollusques et les poissons dépourvus d'écailles; il organise son culte comme Moïse organise le culte des Hébreux; à l'exemple des Égyptiens, qui regardaient la fleur de la fève noire et blanche comme la fleur du deuil, il défend l'usage des fèves.

La venue du Printemps est célébrée par l'immolation d'un agneau comme dans la Pâque des Juifs et des Chrétiens (la communion).

Pythagore procédait régulièrement, avec méthode, raisonnant toujours. Il avait indiqué des distances entre la Terre et le Soleil, le Soleil et la Lune, et les huit planètes, nombre deux fois quaternaire; il avait divisé le zodiaque en quatre cercles correspondants aux quatre saisons, composant l'année égyptienne de 365 jours 1/4.

avait conversé avec les mages (1) et il avait pu apprendre
d'eux la position des planètes. Dans un voyage en
Egypte, il avait été initié aux mystères par le prêtre
Pérénitès, comme Orphée (2), avant lui, l'avait été par
Ethimon, et on l'avait admis dans la partie secrète des
temples où se donnaient ces grandes représentations
cosmologiques consistant en certaines roues mys-
térieuses que Denys de Thrace (3) et, après lui, Clément
d'Alexandrie (4), nous dépeignent comme toujours en
mouvement, et que Plutarque (5) nous dit représenter
« le circuit des mondes célestes »; plus tard Pythagore
retrouva dans les temples de Bel toute cette cour
sidérale tournante, figurée, comme nous le dit Philostrate (6), par des globes couleur de saphir sup-
portant les images dorées de leurs dieux recteurs
respectifs. Chez les Perses, il avait pu voir, à Ecbatane,
l'immense machine qui frappait de stupeur l'empereur

(1) Les mages sont les prêtres de Zoroastre. Ils s'occupaient,
en dehors de leur ministère, de médecine, de divination et
d'astrologie.

(2) On ne sait rien de précis sur l'existence d'Orphée; il aurait vécu environ quinze siècles avant notre ère. Orphée n'est
probablement qu'un mythe, comme Musée, qui réunit les
muses ainsi que Panthée réunit les dieux.

(3) Denys de Thrace, grammairien grec qui 100 av. notre
ère accomplit plusieurs voyages.

(4) Clément d'Alexandrie, né en 250, mort en 317. Il dirigea
cette école d'Alexandrie dont la fondation est attribuée à saint
Marc et qui a eu tant d'influence sur le christianisme. Élevé
dans le paganisme, il se convertit, et loin de rejeter la philosophie, il s'en empara et la fit servir autant qu'il put à amener
les hommes vers la foi chrétienne.

(5) Plutarque, polygraphe grec, vécut dans le siècle qui pré-
céda notre ère.

(6) Philostrate, sophiste du IIe siècle de notre ère.

Héraclius (1) et que Cédrénus (2) nous dit avoir été fabriquée par le roi Chosroës (3) pour représenter toutes les conversions des astres, avec les anges qui y président (4). A la suite de ses voyages, Pythagore avait admis sept dieux principaux (5), planètes ou recteurs, que Mercure Trismégiste (6) et Jamblique (7) disaient associés au Verbe pour contenir le monde dans leur sept orbites. C'était là la grande doctrine d'Orphée, et Lucrèce dans son magnifique poème *De la Nature des choses* montra aussi l'infinité des mondes (8).

Q. — Ainsi les prêtres et les initiés avaient, dans l'antiquité, des notions assez exactes du système planétaire?

(1) Héraclius, empereur d'Orient, né en 575, mort en 641, se rencontra avec les mages dans sa guerre contre Chosroës. Il revint pour combattre l'invasion musulmane.

(2) Cédrénus, moine chroniqueur du Moyen âge qui a fait un long tableau de l'histoire d'Orient et a consigné les faits qui lui étaient parvenus par tradition.

(3) Chosroës, roi de Perse, qui ravagea la Syrie, en 611, la Palestine, en 614, l'Égypte et l'Asie Mineure, en 616; son fils s'empara de lui et le fit mourir de faim pour terminer la guerre avec Héraclius.

(4) Thalès de Milet et les Phéniciens enseignaient à construire une sphère ou un gnomon.

(5) Le nombre des planètes les plus apparentes de notre système solaire, dont la huitième a été découverte récemment. Ces planètes sont : Mercure, Vénus, la Terre, Mars, Jupiter, Saturne, Uranus et Neptune. — Le Verbe est le Soleil — Remarquons que Pythagore avait fixé à huit le nombre des planètes.

(6) Mercure Trismégiste, Hermès. On attribue à Hermès Trismégiste ou Mercure toute l'encyclopédie religieuse et scientifique conservée par les prêtres dans les temples, que les Égyptiens disaient monter à 35,525 livres d'enseignement sacré dont Jamblique déclare avoir vu 12,000.

(7) Jamblique, philosophe grec, qui vécut dans le III° siècle, adopta les doctrines de Platon et de Pythagore.

(8) Lucrèce, poète romain, vécut 99 ans av. notre ère.

R. — Oui, et l'absence du télescope ne permet
d'attribuer ces connaissances qu'à la raison humaine.

Thalès de Milet enseigne à construire une sphère.

Q. — A-t-on beaucoup de preuves de l'existence de
ces connaissances?

R. — Oui. En dehors des auteurs que nous avons
cités, on trouve dans presque tous les écrivains
de l'antiquité des passages dictés par une véritable
intuition du système du monde (1), et les zodiaques
gravés sur les monuments égyptiens attesteront de
leur granit à tous les âges la science du passé (2).

(1) On trouve dans le *Phédon* de Platon que la Terre « n'a besoin ni d'air, ni d'aucun appui pour ne pas tomber, elle se main-
tient par son propre équilibre dans le ciel, qui l'environne de
toutes parts ». On pourrait citer mille autres exemples.

(2) Dupuis, dans son remarquable ouvrage de l'*Origine des
cultes*, a démontré d'une manière irréfutable que les religions,
particulièrement celles d'Égypte, et des figures de l'antiquité,
comme celle d'Hercule, ne constituaient, en réalité, que des
cosmogonies.

Q. — Ces cosmologies furent-elles ignorées dans les premiers temps du christianisme ?

R. — Non, et ce fut pour détruire toute cette science contraire à leur foi que les chrétiens se ruèrent sur les monuments bâtis et écrits de la grande antiquité païenne.

Q. — Quelles preuves avez-vous des connaissances des premiers chrétiens dans la science astronomique des anciens ?

R. — Nous voyons que Lactance (1) se récrie contre cette « erreur dont on trouve le germe chez les philosophes » que la Terre soit ronde et gravite autour du Soleil. Les pères de l'Église déclarent que le nom de « donnée par Dieu », accordé à la doctrine d'Orphée leur paraît digne de ce beau titre. Saint Augustin (2)

---

(1) Lactance vivait dans le IIIe siècle de notre ère.

(2) Saint Augustin, évêque d'Hippone. Voici le portrait fidèle qu'en trace M. Villemain :

« De tous les pères de l'Église latine, saint Augustin est celui qui porta le plus d'imagination dans la théologie, le plus d'éloquence et même de sensibilité dans la scolastique. Donnez-lui un autre siècle, placez-le dans une meilleure civilisation, et jamais homme n'aura paru doué d'un génie plus vaste et plus facile. Métaphysique, histoire, antiquité, science et mœurs, Augustin avait tout embrassé. Il écrit sur la musique comme sur le libre-arbitre ; il explique le phénomène intellectuel de la mémoire comme il raisonne sur la décadence de l'Empire romain. Son esprit subtil et vigoureux a souvent consumé dans des problèmes mystiques une force de sagacité qui suffirait aux plus sublimes conceptions.

« Son éloquence, entachée d'affectation et de barbarie, est souvent neuve et simple ; sa morale austère déplaisait aux casuistes que Pascal a flétris (les jésuites) ; ses ouvrages, immense répertoire où puisait cette science théologique qui a tant agité l'Europe, sont la plus vive image de la société chrétienne à la fin du IVe siècle. »

1.

condamne formellement *la croyance aux antipodes comme incompatible avec les fondements de la foi chrétienne.* Avant Pascal (1), le cardinal Nicolas de Cusa (2) écrivait : « Le monde est une machine ayant son centre partout et sa circonférence nulle part », et il ajoutait : « La Terre n'étant pas centre, ne peut être immobile » (3).

(1) Blaise Pascal, français, né en 1623. Adonné d'abord aux sciences mathémathiques et physiques, sa nature maladive le jeta dans la superstition et après avoir lu le discours sur la *réformation de l'homme*, de Jansénius, il se voua à la polémique, condensa ses pensées dans des formules précises et écrasa les Jésuites sous le poids des *Provinciales*.

(2) Le cardinal Nicolas de Cusa vivait un demi-siècle avant Galilée.

La même idée se retrouve dans Rabelais, si toutefois le cinquième livre de *Pantagruel* est de lui entièrement. En tout cas, ceci se trouve formulé avant Pascal : « Allez, amis, en protection de cette sphère intellectuelle, de laquelle en tous lieux est le centre, et n'a en lieu aucun sa circonférence. »

(3) Anaxagore de Clazomène, de l'école naturaliste d'Ionie, disait que les astres qui remplissaient le ciel n'étaient que des pierres, le Soleil une matière minérale incandescente et la Lune une terre.

Aristarque de Samos, qui vivait 280 av. J., écrivit un livre sur les grandeurs et les distances du Soleil et de la Lune, le mouvement de la Terre, etc., dans lequel il déclare que la Terre est ronde, que le foyer de l'Univers est toujours en mouvement; il mesure la distance de la Lune au Soleil et explique très nettement la cause des phases lunaires.

Archimède rapporte : qu'il réfutait cette opinion des astrologues de croire que le monde est tout petit et la Terre immobile. Il suppose que le Soleil et les étoiles sont fixes par rapport à eux-mêmes et que la Terre tourne autour du Soleil dans la circonférence d'un cercle.

Plutarque dit que ce qu'Aristarque enseignait comme une hypothèse fut établi dogmatiquement par Séleucus.

Il est bon de remarquer ici que, au commencement du

Q. — Le christianisme en détruisant la science antique et en s'implantant dans le monde constitua-t-il un épouvantable recul pour l'humanité?

R. — Certainement. Le christianisme détruisit tout ce que les âges passés avaient amassé pour mettre en la place la nuit et la barbarie du Moyen âge, et il fit qu'il s'était écoulé vingt-un siècles depuis Pythagore quand apparurent Copernic (1) et Galilée (2).

christianisme, les traditions astronomiques étaient conservées par Posidonius et quelques autres à Alexandrie, Rhodes et Pergame.

(1) Copernic, chanoine de l'église de Frauenbourg, dans le diocèse d'Ermeland, demeura trente-trois ans dans la solitude, et fit paraître, en 1543, son fameux ouvrage sur les routes parcourues par les corps célestes.

(2) Galilée! On se demandera, sans doute, pourquoi tant de gloire autour de ces deux noms, Copernic et Galilée, après les exemples que nous avons donnés et ceux qui prouveraient encore que l'antiquité, deux mille ans avant eux, dix mille, cent mille ans peut-être (car qui saurait préciser les dates de cette antiquité que la science fait reculer formidablement de jour en jour), avait pensé plus qu'eux? C'est que Galilée a été persécuté par les prêtres et (que son nom soit béni toujours) qu'il a fait revivre, par son propre génie, la science que les chrétiens avaient fait disparaître, c'est qu'il eut l'honneur insigne de découvrir, ou à peu près, les lois du pendule, l'isochronisme, de répéter, du haut de la tour de Pise, les

On a inventé la lunette, le télescope, l'équatorial, et l'on a acquis la certitude que les étoiles étaient des mondes.

DES RELIGIONS ET DES PHILOSOPHIES OU ORIGINES DU CHRISTIANISME

Q. — Quelles sont les religions qui ont donné naissance au christianisme?

R. — Principalement les religions de l'Inde et de la Palestine (1).

expériences sur la chute des corps indiquées par le poète Lucrèce, et d'inventer, presque en même temps que le Hollandais Jansen, le précieux télescope qui allait changer en certitude ce qui était jusque-là du domaine de l'hypothèse.

Toutes les religions de l'antiquité considéraient la charité comme une des principales vertus.

(1) Le but de cette partie du *Manuel* est d'établir la vérité historique sur la religion chrétienne. Nous n'avons donc à nous occuper que des religions qui ont exercé une influence indiscutable sur le christianisme. Nous savons parfaitement que la religion n'était, la plupart du temps, que l'enveloppe de systèmes de la nature et qu'elle n'était que pour le vulgaire cette inscription du temple de Saïs : « Je suis tout ce qui a été, tout ce qui est, tout ce qui sera, et le voile qui me couvre, nul mortel ne le soulèvera. » Les initiés avaient soulevé le voile et contemplé la vérité. De même nous déchirons le voile, comme il se déchira dans la Synagogue, et contemplons la vérité, nous aussi. Cependant, nous ne saurions oublier que ce qui exerce l'influence la plus considérable n'est pas la doctrine mysté-

Q. — Étudions ces religions.

R. — L'origine de deux religions se perd dans la période antéhistorique : celle du brahmanisme et celle du mazdéisme ; une religion est sortie du brahmanisme, le bouddhisme (1).

rieuse et savante, mais le culte extérieur, la tradition rituelle, et nous devons recueillir tout ce qui va produire génétiquement le christianisme. Nous laisserons donc de côté Isis et Osiris et leurs mystères sacrés ; nous écarterons la mythologie, cette grande conception poétique qui inspira (ou qui naquit) les poèmes d'Homère et d'Hésiode, mais non sans jeter quelques regards sur cette sublime antiquité païenne qui ne nous a pas laissé l'exemple d'une persécution purement religieuse.

N'était le cadre dans lequel nous devons nous renfermer et l'ensemble déjà trop considérable des *choses nécessaires* que nous voulons envisager, il serait sans doute utile de se livrer à une étude approfondie des religions pour en arriver chronologiquement au christianisme. Nous étudierions alors le dualisme druidique, la plus sublime des inventions religieuses, peut-être, et nous verrions si ce n'e t point de la grande Gaule que partirent bien des conceptions auxquelles on a donné l'Asie pour berceau. Nous nous demanderions si les barres droites et les barres coudées des peulvens du monument de Kergavel ne constituent pas la plus ancienne écriture connue, et si les autres monuments de la péninsule armoricaine n'ont pas précédé de cinquante siècles les monuments égyptiens ; si l'obélisque de Locmariaker ne servit pas de modèle à celui de Luqsor, si les alignements de Carnac ne fournirent point le plan des allées mégalithiques égyptiennes, le Karnak, temple d'Ammon Knuphis, et si le mastabah est autre chose que le dolmen perfectionné ? Les savants répondront ailleurs à ces questions.

En somme : « Le judaïsme fournit le levain qui provoqua la fermentation, mais la fermentation se fit hors de lui. L'élément hellénique et romain d'abord, puis l'élément germanique et celtique prirent complètement le dessus, s'emparèrent exclusivement du christianisme, et le développèrent dans un sens fort différent de ses origines premières. » Et qui fournit le levain au judaïsme ? L'Inde.

(1) Aucuns présument que les religions ont suivi la filière

Q. — Qu'est-ce que le brahmanisme ?

R. — Le brahmanisme nous offre dans Brahma, un dieu créateur, grand principe, être divin par excellence. Les Hindous divinisent la Nature et leur religion est celle que les Aryas, ou hommes vertueux et purs, pratiquent intégralement. Leurs livres sacrés se composent, comme ceux de presque toutes les religions, d'histoires, de légendes, de poésies, et on en nomme le recueil *les Vedâs*. Ils ont un calendrier astronomique qui a dû être rédigé au moins quatorze siècles avant notre ère. Enfin, *les lois de Manou* règlent les devoirs des différentes castes formées par les hommes. Le brahmanisme admet : le dogme de la transmigration des âmes qui laisse aux hommes leur libre-arbitre et fait résulter de leurs actions les conditions supérieures ou inférieures dans lesquelles ils ont été ou seront placés. L'homme a mené une existence antérieure à celle qu'il mène sur la Terre, où il vient expier plus ou moins ses fautes. Après cette expiation, il subira une transformation nouvelle et son sort sera plus ou moins amélioré. Tous les êtres existants ou ceux qu'a enfanté l'imagination fertile des hindous forment une chaîne continue que parcourt l'âme humaine. Depuis les végétaux jusqu'aux divinités se

que voici : 1° culte des pierres noires et blanches dont les unes représentent la Nuit et les autres le Jour (les musulmans vont encore baiser la pierre noire de la Kaâbah); 2° le culte des animaux emblèmes des Saisons, et un cercle équatorial divisé en 365 dieux. (V. dans la religion chrétienne les traces de ces cultes : saint Jean est l'*Aigle* de Pathmos, Est; saint Luc le *Taureau*, Ouest; saint Mathieu la *Vierge*, Sud; saint Marc le *Griffon*, Nord.) 3° L'époque du dieu générateur inconscient; 4° l'anthropomorphisme ou époque de la divinité douée d'une intelligence libre conçue à l'image de celle de l'homme.

développe un magnifique panthéisme. « L'âme est l'assemblage des dieux ; l'univers repose dans l'âme suprême ; c'est l'âme qui produit la série des actes accomplis par les êtres animés. » Faire des œuvres bonnes en elles-mêmes, être juste, être pieux, s'exercer au bien : voilà ce que le brahmanisme commande. Mais ce côté moral a disparu peu à peu sous l'influence de la caste sacerdotale, pour faire place à une superstition dont la *Trimourti* est le couronnement religieux. Brahma, Vichnou et Siva (1) se réunissent et se confondent. Vichnou, fils de Brahma, se substitue à son père, il a plusieurs *avatars* ou incarnations, sa mission est de sauver l'espèce humaine. Siva est l'esprit qui éclaire et veille (2).

Q. — Qu'est-ce que le christianisme a tiré du brahmanisme?

R. — Le Christ s'est dit le fils de Dieu, il s'est confondu avec son père, et il est mort après s'être incarné dans l'homme, pour la rédemption des hommes; le Saint-Esprit s'est confondu avec le Père et le Fils : ils ont formé la Trinité.

Q. — Qu'est-ce que le Bouddhisme ?

R. — Le bouddhisme fut fondé par Çakyamouni Siddhârtha (3) qui prêcha aux hommes : « une charité

(1) Brahma, Vichnou et Siva sont probablement les dieux de trois religions différentes, ou de trois branches qui se sont réunies au même tronc.

(2) C'est, croit-on, Siva qui apparut en Grèce sous le nom de Bacchus indien ou Dieu de Nysa.

(3) D'après Abel Rémusat et Schmidt, Çâkya est le nom de la branche de la caste militaire à laquelle appartenait le jeune prince Siddârtha de Kapilavistu, qui, ayant renoncé au monde, fut appelé *Çâkya muni*, le solitaire des Çâkyas, et qui, parvenu à la perfection de la science qu'il s'était prop   prit le titre de *Buddah*, l'éclairé, le savant. Buddha est un titre: Buddha vit

infinie, et, partant, le besoin de faire partager aux
autres le bonheur goûté dans une doctrine excellente,
le prosélytisme et par suite l'accès de la religion offert
à tous les hommes de toutes les castes, l'admission au
sacerdoce des classes mêmes les plus méprisées. » (1)

buddha, épanoui comme un lotus; quelques-uns traduisent
buddha par *connaître*. « Çakya ne vint pas, comme les incarnations brahmaniques de Vichnou, montrer au peuple un Dieu
éternel et infini, descendant sur la terre, et conservant, dans la
condition mortelle, le pouvoir irrésistible de la divinité. C'est le
fils d'un roi qui se fait religieux, et qui n'a pour se recomman-
der au peuple, que la supériorité de sa vertu et de sa science. »
L'histoire de son mariage nous fournit une idée de la science
de Buddha. Il commença par déclarer, contrairement à l'usage
où on était de prendre une femme dans sa classe, « qu'il pren-
drait indifféremment une femme parmi les Brâhmanes, les Ké-
hattryas, les Vâicyas, ou les Çudras, s'il en trouvait une qui répondit au type de perfection qu'il s'était formé. Le brahmane
qui exerçait les fonctions de prêtre de famille auprès du roi
Cuddhôdana (père de Çakyamouni), fut chargé de trouver la
femme accomplie que désirait le prince, et il la trouva dans
la maison d'un artisan de Kapilavistu, nommé Dandapâni. En
conséquence, le roi Çuddhôdana fit demander sa fille pour le
jeune Çâkya. Mais que répond Dandapâni? « Seigneur, le prince
a été élevé dans sa maison au sein du bonheur; et de plus, c'est
une loi de famille parmi nous que nos filles ne soient données
en mariage qu'à celui qui sait un métier et non à un autre. Or,
le prince ne sait aucun métier, il ne sait manier ni l'épée, ni
l'arc, ni le carquois, etc. » Le roi s'arrête devant cette objection,
et Çâkya est obligé de montrer les connaissances qu'il possède
dans tous les arts, connaissances dans lesquelles sont comprises
celles qui ont trait aux arts libéraux, comme l'étude des voca-
bulaires antiques (Nighantu), la lecture des livres sacrés des
Védas, des Purânas, des Ithâsas, des traités de grammaire,
l'explication des termes obsolètes, la lecture, la métrique, le rituel, l'astronomie. »

(1) La loi mosaïste n'admettait au sacerdoce que ceux de la
tribu de Lévi, comme les prêtres de Brahma ne se recrutaient,
ainsi que les ascètes et autres saints qu'on offrait à la vénéra-

Çakyamouni disait : « La religion doit être le bien commun de tous. » L'organisation bouddhiste remit sa destinée dans les mains de prêtres voués au célibat. Trois conciles se réunirent pour la rédaction des écritures bouddhiques. On vit dans l'apparition de Çakyamouni la réalisation de certaines prophéties et des miracles eurent lieu. Le bouddha mit en honneur une vie religieuse et ascétique. Des couvents, des monastères se fondèrent, et ce fut par la pratique des vertus et avec la foi que l'homme dut arriver au salut suprême, Nirwanâ, ou absorption de sa nature individuelle en Dieu. Comme déjà dans les institutions de l'Égypte et de la Perse, la confession fut rendue nécessaire pour se laver de toute souillure, et elle s'appliqua aux trois fautes qu'il est possible de commettre : les fautes de pensées, de paroles et d'actions. Attaché au culte de Brahma, le bouddha ne se fit pas dieu, les livres indiens, sanscrits, pâlis, nous le montrent simplement comme un réformateur religieux, mais on figura son image dans les temples et on fit des reliques de ses os.

Q. — Par quoi le christianisme ressemble-t-il au bouddhisme?

R. — On rencontre chez le Christ l'esprit de charité; il chercha ses apôtres dans les dernières classes du peuple et il fit de la religion le bien commun de tous. Les prêtres en sont arrivés au célibat (1). Les Conciles ont fixé le texte des Écritures. De bonne heure

tion des fidèles, que dans la caste des Brâhmanes. La religion chrétienne s'ouvrit aux gentils, de même que le Buddha tendit ses bras aux individus de toutes les castes.

(1) Les prêtres se sont mariés jusqu'au milieu du XIIe siècle, longtemps encore après que le pape Grégoire VII eut ordonné d'adopter le célibat.

les religieux et les ascètes ont été honorés et sancti-
fiés. La confession a été instituée. Le Christ ne se
donna comme Dieu qu'à la fin de sa carrière, mais
auparavant il ne se donnait que comme un réformateur.
On figura son image dans les temples et on fit des
reliques de sa croix.

Q. — Qu'est-ce que le mazdéisme ?

R. — Une religion qui dut se substituer à une autre
puisque Zoroastre proteste contre la divinité multiple.
Le mazdéisme apporta au monde deux principes
rivaux, le bien et le mal, Ormuzd et Ahriman. Les
livres *Naçkas* firent connaître aux croyants la pensée et
la parole de Zoroastre. « Le fond du Mazdéisme, dit
Jean Reynaud « est la lutte constante contre le mal.
De là le caractère moral et essentiellement pratique de
sa théologie. Cette théologie est aussi très simple ; elle
procède de la définition catégorique du bien et du mal,
et, déterminant sur ces principes les lois de l'union des
créatures entre elles et avec Dieu en vue de la résistance au mal et de la persévérance dans le bien, elle
se conclut par la prophétie de la réconciliation finale
de tous les êtres dans une adoration commune. » La
religion de Zoroastre est une des plus belles et des
plus puissantes de l'antiquité. On trouve dans sa
liturgie la hiérarchie angélique et ses rapports avec la
Terre, le Ciel et l'Enfer, et le dogme eucharistique.

Q. — Quel a été l'influence de la religion de Zoroastre sur le christianisme ?

R. — Cette influence (1) a produit la hiérarchie

_____

(1) Cette influence s'exerça tout naturellement. Le mazdéisme
avait pénétré dans l'Assyrie, à Ninive, à Babylone, et les Juifs
captifs dans ces pays avaient fait de nombreux emprunts à
leurs vainqueurs. Lorsque les Juifs furent établis en Palestine,
ils conservèrent des relations assidues avec les peuples des

angélique et ses rapports avec la Terre, le Ciel et l'Enfer, le jugement dernier et le dogme eucharistique. Après avoir fait Dieu bon et méchant à la fois les chrétiens furent obligés d'inventer un pouvoir rival, Satan, et à la fin Dieu vaincra Satan (1).

Q. — La philosophie chinoise a-t-elle exercé une influence sur le christianisme?

R. — Oui Dans le pays où on adore le Dieu Fo, on vit, six cents ans avant notre ère, Lao-Tseu (2) ouvrir la plus brillante époque de la philosophie de la Chine. Il préconisa l'anéantissement des passions et même des simples désirs de l'homme qui devait finalement s'absorber dans le *Tao*, esprit ou raison suprême. Un des philosophes les plus grands de l'antiquité, Khoung-tseu (3), lui succéda. De bonne heure, cet esprit hardi

bords de l'Euphrate. C'est en Perse, en Chaldée, que s'est formé le livre Zend, et que l'idée de l'unité divine se dégage pour la première fois du naturalisme polymorphiste primitif. Les livres Zoroastériques gardent encore la trace du culte polythéiste. La tradition avait dû surtout se conserver dans les classes pauvres et parvenir, par elles, jusqu'à Jésus et à Paul.

(1) On a eu recours à bien des inventions fabuleuses pour expliquer l'origine du mal, notamment à la boîte de Pandore, la fable de Psyché, la légende de Prométhée, les tonneaux de Jupiter, le serpent de la Genèse et le Satan des chrétiens.

(2) Lao tseu, contemporain de Pythagore. Sa doctrine qui admet la métempsycose conserve beaucoup de partisans. Khoung-tseu lui rendit visite en 517 av. notre ère, mais entre l'ascète privé de toutes les commodités de la vie et un philosophe qui entendait se servir des dons de la nature, l'entente était impossible.

(3) Khoung-tseu, encore nommé Koung-sou-tseu, en latin Confucius, naquit la 21e année du règne de Ling-Wang (551 av. notre ère). Son esprit était si précoce que, dès l'âge de quatre ans, il conversait avec les docteurs (ce que Jésus n'est pas le premier à avoir fait). Il montra de bonne heure le respect le plus profond pour les lois des ancêtres; il les recueillit, les coordonna et les remit en vigueur.

et doux à la fois rêva de réformer sa nation. Il ne s'entoura pas du prestige religieux, il ne se donna pas comme divin, il se contenta de dire : « Apprenez et réfléchissez, et aimez-vous les uns les autres (1). » Il se donna comme un ami de la sagesse et de la vertu, et il aida ses contemporains à découvrir dans leur cœur les vérités que la Nature y a gravées. Il donna une telle impulsion aux idées philosophiques qu'il changea la face de la société. Sa morale est simple, naturelle, conforme à la nature de l'homme, et, depuis vingt-trois siècles, sa science et ses doctrines suffisent à une population de trois cent millions d'hommes.

Cinq siècles avant notre ère Khoung-tseu apprenait aux hommes
à s'aimer les uns les autres.

Q. — Qu'est-ce que le christianisme a tiré de ces doctrines ?

R. — Le christianisme prêche l'anéantissement de l'homme et son absorption en Dieu. Jésus entend d'a-

(1) Parole que l'on donne à tort comme ayant été prononcée pour la première fois par Jésus.

bord épurer le mosaïsme. Il s'attribue un certain nombre des maximes du philosophe chinois.

Q. — Qu'est-ce que le christianisme a pu tirer de la doctrine d'Orphée ?

R. — Dans la doctrine d'Orphée, Dyonisos est le Dieu ressuscité qui préside au jugement des âmes dans le Hadès.

Q. — De même dans le christianisme ?

R. — Jésus ressuscite pour s'asseoir à la droite du père et juger les vivants et les morts.

Q. — La doctrine d'Orphée ne fournit-elle point autre chose ?

R. — Si; au point de vue rituel, elle avait le service de nuit (1) où se célébrait la passion et la mort du Dieu. Cette cérémonie se terminait par une scène où on coupait le pain, c'est-à-dire l'hostie ou gâteau d'offrande, en même temps qu'on versait du vin en souvenir du Dieu immolé, ce qui se retrouve complètement dans le christianisme, dans le service de la messe.

Q. — Qu'est-ce que le christianisme a emprunté à la philosophie pythagoricienne ?

R. — La notion d'une cause primordiale créée d'elle-même ou Dieu, être suprême, principe qui gouverne tout. Dans la théorie chrétienne comme dans la philosophie pythagoricienne, l'âme ne s'incarne pas au moment de la génération, elle n'est pas un produit de l'âme des parents, elle vient de Dieu qui la dépose dans l'homme. Cette âme est immortelle, elle sera récompensée ou punie après la mort, et, selon qu'elle en sera

____

(1) Tryphon, Porphyre et nombre d'écrivains ecclésiastiques, reprochent aux chrétiens d'avoir emprunté l'usage de la cène aux anciens.

jugée digne, elle jouira de la faculté de s'absorber en Dieu.

Q. — Platon a-t-il exercé une influence sur le christianisme ?

R. — L'influence peut-être la plus directe et la plus puissante. Une grande partié de ce que Platon (1) émet est admis sans opposition par l'Église chrétienne, et on peut dire hardiment que Platon est le père de sa psychologie.

Q. — Comment Platon comprend-il l'âme ?

R.— Selon lui : « l'âme est entièrement distincte du corps ; dans cette vie même, elle seule constitue ce que nous sommes ; notre corps n'est qu'une image qui accompagne chacun de nous » ; « après la mort cette âme sera appelée à rendre compte de ses actions, compte aussi consolant pour l'homme de bien que redoutable pour le méchant. L'âme est immatérielle, la pensée est de son domaine, elle nourrit le désir de monter vers les sphères supérieures pour jouir de son immortalité.

Q. — Ceci est-il conforme aux doctrines de l'Église ?

R. — Absolument conforme.

Q. — Qu'est-ce que Platon pense de l'homme ?

R. — L'homme est une âme incarnée dans une matière périssable et haïssable, aussi doit-il s'affranchir de

---

(1) Platon, né dans la 3ᵉ année de la 87ᵉ olympiade, mort dans la 108ᵉ (347 av. notre ère); c'était l'époque où vivaient à Athènes : Sophocle, Euripide, Aristophane, Ménandre, Thucidide, Xénophon, Praxitèle. Platon était l'élève de Socrate et le condisciple d'Alcibiade. Socrate, comme Khoung-tseu, enseignait l'amélioration des hommes; c'est également là ce qu'enseignera Platon, lorsqu'après avoir voyagé quelque temps, il reviendra, influencé par les doctrines de Pythagore, fonder à Athènes son *Académie*.

ses passions et rentrer en soi pour contempler son âme. Il doit mépriser la richesse, ne rendre jamais injustice pour injustice, ni faire de mal à personne, quel que tort qu'il en ait subi ; les affaires humaines ne méritent pas qu'on s'y attache ; mais la vertu est bien difficile à obtenir, car elle ne s'enseigne pas et vient par un don de Dieu à ceux qui la possèdent (1). La nature mortelle est la cause de tous les maux. C'est elle qui portera toujours « les hommes à désirer d'avoir plus les uns que les autres et ne fera penser chacun qu'à ses intérêts personnels ; car elle fuit autant la douleur qu'elle poursuit les plaisirs, sans raison, ni règle ; elle les mettra dans son esprit bien au-dessus du juste et finira par se précipiter dans un abîme de malheurs. » C'est la crainte des dieux (2) qui est le remède efficace contre le mal de la nature humaine. Les dieux sont là qui disent : « Tu porteras soit sur cette terre, soit aux Enfers, la peine due à tes forfaits. » Les dieux sont accompagnés de la justice, toujours prête à châtier les infracteurs de la loi divine. Quiconque veut être heureux doit s'attacher à cette loi et marcher humblement sur ses pas. Malheur à qui se laisse enfler par l'orgueil, à qui les richesses, les honneurs, inspirent de hauts sentiments de lui-même, et qui est dévoré de désirs ambitieux au point qu'il pense n'avoir besoin ni de maître, ni de guide, et qu'il se croit en état de mener les autres : les dieux l'abandonnent à lui-même. Ainsi délaissé, il se joint à des pré-

----

(1) C'est la théorie de la grâce d'après les pères, ce que les jésuites ont nommé plus tard la grâce efficace.

(2) Mettez *Dieu* à la place de *dieux*, et vous croirez lire un auteur chrétien en voyant ces passages des *Lois*. Saint Augustin a lui-même reconnu que les platoniciens avaient fort peu à changer pour être de vrais chrétiens.

somptueux comme lui, secoue tout frein et sème le
trouble partout. Pendant quelque temps il paraît
quelque chose aux yeux de la multitude ; mais bientôt
la justice divine tire de lui une vengeance éclatante ;
il finit par se perdre sans remède, lui, sa famille, sa
patrie. L'homme n'a qu'à maudire sa chair et à se
servir de l'unique moyen qu'il ait de se faire aimer de
Dieu, qui est de faire tout son possible pour lui ressem-
bler (1).

Q. — Ce langage peut-il être tenu par l'Église ?

R. — Ce langage est littéralement celui que tient
tous les jours encore, l'Église chrétienne (2).

(1) Ces paroles ont été mises presque textuellement dans la
bouche du Christ.

(2) « Le christianisme tire les conséquences des prémisses
posées par le stoïcisme et la philosophie. »

Nous devons nous étendre davantage, au moins en note, sur
l'hellénisme qui a contribué peut-être autant que toutes autres
philosophies ou croyances à la fondation du christianisme. Sans
doute aucun philosophe n'eut plus que Platon cette influence
considérable qui modifia totalement le caractère hébraïque du
nouveau culte, mais toute la philosophie grecque a contribué à
ce changement. Il est probable que la poésie d'Homère s'inspira
du Rig-Véda, mais ce fut lui qui nous révéla, avec Hésiode,
cette religion grecque qui nous représente le mal introduit sur
la terre par *une femme pétrie avec de la glaise*. Phérécide de
Cyros est le premier qui ait écrit sur la nature de Dieu. Athènes
a eu ses saints-sépulcres d'Adonis et ses excommunications. Les
mystères de Samothrace ont eu la confession au prêtre. C'est la
révolte des Titans qui devient la révolte des anges. Ce sont les
dieux des vices qui deviennent des diables chez les chrétiens.
Les Rhapsodes sont des prédicateurs poétiques. Socrate est un
novateur comme Jésus Les socratiques, Platon, sont les véritables pères de l'Église. C'est dans Platon que l'Église commence
à condamner le théâtre, le plaisir et la volupté. C'est Platon qui
rêve, dans sa *République* et ses *Lois, d'organiser le sacerdoce et le pouvoir spirituel*. Il est intolérant. Dans Aristote, le

Q. — Parlez-nous du culte d'Israël. D'où les israélites étaient-ils originaires?

R. — Les Israélites étaient originaires de la Chaldée.

Q. — Quel fut leur premier culte?

R. — *Le culte des Elahs ou forces de la nature person-nifiées.*

Q. — Les livres dits mosaïstes gardent-ils des traces de ce culte?

R. — Oui.

Q. — Par quoi ce culte fut-il remplacé?

R. — Par celui de *Jéhowah Elahim* (1) ou *chef des Elahs.*

théisme achève de se constituer dans la philosophie grecque; c'est là qu'il acquiert son expression dogmatique. Diogène offre un exemple aux ascètes. Ptolémée Philadelphe et ses *pompes* ou processions dans lesquelles figuraient, comme dans celles de Dyonisos, des statues, des bannières, des objets d'art, d'or, d'argent, tout un peuple précédant 20,000 cavaliers et 150,000 fantassins, ouvrait le chemin aux processions chrétiennes. Épicure qui construit le monde d'atomes, professe, comme les stoïques, le mépris de la douleur et de la mort et rêve l'homme-dieu. L'école de Pyrrhon, celle des *chercheurs* ou *sceptiques*, émet ces théories du doute qui s'élèveront incessamment contre la foi au sein de l'Église chrétienne. Hégésius le Pifithanate (conseiller de mort), enseigne le suicide et est écouté. Les Cyrénaïques donnent l'exemple aux martyrs. L'idée de la pénitence et de l'expiation pénètre les masses. Et, sur tout cela, règne une grande idée morale, même chez les poètes, idée morale qui ne disparaît qu'au jour où la Grèce asservie se détruit elle-même pour ainsi dire volontairement.

(1) Jéhowah n'est pas un nom étymologique, mais nous l'employons parce qu'il est passé dans notre langue. Origène, Aquila, Jérome, traduisent *Jéhowah* par *Kyrios* et *Adonaï*, maître ou seigneur. Irénée dit que les Grecs écrivent *ioò* et les Hébreux *iooh; iou* est la base de Jupiter *iu-pater, iou* générateur, essence de la vie; en arabe, *iehouh* signifie être, essence, nature des choses; Jehowah est *Jewh, Jehwh, iahouah, Jahwé;* ce

Q. — On n'adora donc plus qu'un seul dieu?

R. — Oui, tous les dieux se trouvèrent contenus dans Jéhowah, et le monothéisme se substitua au polythéisme (1); mais la Bible garda le stigmate de son origine et les juifs ne se débarrassèrent jamais des croyances des peuples avec lesquels ils s'étaient trouvés en contact.

Q. — De quoi se composent les livres des hébreux?

R. — D'histoires, de romans et de poésies.

Q. — Pourquoi a-t-on donné à tout ce que nous possédons de la littérature juive un caractère sacré?

R. — Parce que, d'abord, le christianisme en procède et avait besoin de cette assise; parce que, ensuite, comme toutes les productions des peuples sémitiques, la littérature juive affecte un caractère prophétique ou apocalyptique qui la rend éminemment propre aux interprétations religieuses.

Q. — Quel est le premier des livres des hébreux?

R. — *La Genèse* qui est le premier des livres dits de Moïse.

Q. — Quel est l'importance de ce livre?

R. — C'est le plus important des livres des hébreux, car il contient le récit du péché d'Adam, qui, par une interprétation erronée, a pu servir de base au système chrétien en justifiant censément la venue du soi-disant rédempteur.

Q. — Pourquoi dites-vous « par une interprétation erronée » ?

R. — Parce que ce récit ne cache qu'une cosmo-

dernier terme, Jahwé ou Jahveh désigne le dieu samaritain, « l'être éternel, unique, s'engendrant, s'augmentant lui-même, se trouvant lui-même père, mère, sœur, époux, fils de lui-même. »

(1) Le culte d'un seul dieu à celui de plusieurs.

gonie, entièrement en rapport avec le système des Perses, ainsi qu'il ressort du passage suivant de Dupuis (1) : « D'après les principes de la cosmogonie ou de la Genèse des Mages avec laquelle celle des juifs a la plus grande affinité, puisque toutes deux placent l'homme dans un jardin de délices, où un serpent introduit le mal, il naît du temps sans bornes ou de l'éternité, une période bornée, divisée en douze parties dont six appartenant à la lumière et six aux ténèbres, six à l'action créatrice et six à l'action destructive, six au bien et six au mal de la Nature. Cette période est la révolution annuelle du Ciel et du Monde, représentée chez les Mages par un œuf mystique, divisé en douze parties, dont six appartiennent au chef du bien et de la lumière, et six au chef du mal ou des ténèbres; ici, c'est par un arbre qui donne la connaissance du bien et du mal et qui a douze fruits, car c'est ainsi qu'il est peint dans l'évangile d'Eve; ailleurs c'est par douze mille ans, dont six sont appelés mille de Dieu et six mille du Diable; ce sont autant d'emblèmes de l'année durant laquelle l'homme passe successivement sous l'empire de la lumière et sous celui des ténèbres, sous celui des longs jours et sous celui des longues nuits, et éprouve le bien ou le mal physique qui se pressent, se chassent ou se mêlent, suivant que le Soleil s'approche ou s'éloigne de notre hémisphère, suivant qu'il organise la matière sublunaire par la végétation, ou qu'il

---

(1) Dupuis, philosophe français, né à Trie-le-Château en 1742, mort en 1809; il siégea à la Convention et à l'Institut. Il est l'auteur d'un livre qui a fait plus de bruit dans le monde qu'aucun autre livre, peut-être, l'*Origine de tous les cultes ou la Religion universelle*, dans lequel l'auteur montre que les divinités ne sont que la représentation symbolique des forces de la nature.

l'abandonne à son principe d'inertie, d'où suivent la désorganisation des corps et le désordre que l'hiver met dans tous les éléments et sur la surface de la Terre, jusqu'à ce que le printemps y rétablisse l'harmonie. C'est alors que, fécondée par l'action du feu Ether, immortel et intelligent, la Terre devient un séjour de délices pour l'homme. Mais lorsque l'astre du jour, atteignant la balance ou le serpent céleste, les signes d'automne, passe dans l'autre hémisphère, alors il livre, par sa retraite, la Terre aux rigueurs de l'hiver, aux vents impétueux et à tous les ravages que le génie malfaisant des Ténèbres exerce sur le monde. Il ne reste plus à l'homme d'espoir que dans le retour du Soleil, au signe printanier de l'agneau (1). Voilà le réparateur qu'il attend. »

Q. — Admettez-vous cette explication ?

R. — Oui. Adam et Eve ont vécu tout l'Été, insouciants au milieu des richesses de la nature ; le serpent arrive et l'homme sent le besoin de se couvrir et de travailler la Terre pour lui faire produire ce qu'elle ne lui donne plus gratuitement. Il attend dès lors avec impatience la belle saison. L'homme doué de quelque raison pourrait-il imaginer que Dieu fut devenu jardinier pour planter le paradis terrestre, même en admettant littéralement le récit fantastique de la création du monde ?

---

(1) La dénomination d'agneau donnée au Rédempteur se retrouve dans tous les livres sacrés des chrétiens. Il en est parlé dans l'Apocalypse de Jean le théologien, qui est une sorte de livre d'initiation.

Le Christ est souvent confondu avec l'agneau, et dans les églises, sur le tabernacle où on met le Saint-Sacrement qui figure le Soleil, on voit presque toujours l'agneau couché sur le livre de la fatalité qui est fermé des sept sceaux.

Il est bien certain que c'est sur une parabologie du système terrestre qu'on a édifié le christianisme.

Admettrait-on qu'Eve eut perdu le paradis pour une pomme ainsi que Proserpine l'avait perdu pour quelques grains de grenade? Interpréter autrement que comme un système le texte biblique c'est, comme en a convenu saint Augustin, blesser la piété et attribuer à Dieu des choses indignes.

Q. — Les autres livres des hébreux sont-ils aussi importants au point de vue chrétien?

R. — Non, ils sont moins importants, et, pour la plupart, leur valeur historique est fort contestable.

Q. — Parlez-nous de ces livres.

R. — Les quatre derniers livres dits de Moïse (1) ou *Pentateuque*, semblent être, ainsi que le livre de Josué, une compilation à la manière des arabes, faite par plusieurs auteurs qui ont cousu bout à bout ce qu'ils avaient pu apprendre. Il n'est guère possible d'attribuer, aujourd'hui, le Pentateuque à Moïse, et il est également difficile de regarder ce prophète comme l'auteur des lois qui portent son nom. En effet, on n'a reconnu de valeur pratique à ces lois qu'après la captivité de Babylone, au temps d'Esdra (2) et elles supposent un

(1) Moïse (Maimoun); la date que l'on assigne à sa naissance est celle de 1571 av. J.-C., mais on ignore véritablement à quelle époque il vécut. Nous n'avons pas à rééditer ici tout ce qui se débite sur la vie *problématique* de Moïse. Nous devons dire seulement « qu'élevé dans la science des Égyptiens », il devait pouvoir s'imposer au peuple juif plongé dans l'ignorance. Nous devons attendre ce que la science dira plus tard de Moïse et de sa légende, et s'il ne se trouvera pas tout simplement un chef de tribu.

(2) Esdra ou Esra paraît avoir vécu au Vᵉ siècle av. J. C'était le petit-fils du grand prêtre Saraïas que Nabuchodonosor avait fait mettre à mort lors de la prise de Jérusalem. C'est lui qui, après que Cyrus et Artaxerce-Longuemain l'eurent permis, ramena les Juifs en Judée. Il revisa la Bible et força les Juifs à abandonner leurs femmes idolâtres et à exécuter la Loi. Quel-

peuple agriculteur qui observe un culte établi ; or, les
Juges, les rois d'Israël et de Juda, tout le peuple juif,
couvrirent d'idoles plus ou moins grossières, durant des
siècles, les montagnes, et en remplirent les temples,
ce qu'ils n'eussent pu faire après avoir connu le précepte
du Décalogue ou Dieu dit : « tu ne feras point d'image
à ma ressemblance (1). » Le Pentateuque paraît appar-
tenir à l'époque des Rois et non à celle des Hébreux
dans le désert. Le *Deutéronome*, le plus récent des cinq
livres, ne doit pas remonter plus haut que le roi Josias,
soit 622 ans avant Jésus. Ces livres ont, par eux-mêmes,
une facture qui les rapproche des autres livres juifs. On
n'y trouve que deux sortes de récits : des fables et des
crimes (2). A partir du livre de *Samuel*, l'histoire du
peuple Hébreu apparaît plus positive (3). Pour contre-

ques-uns le regardent comme l'auteur des *Paralipomènes* et
des deux derniers livres des *Rois*. C'est lui, croit-on, qui fit
abandonner l'ancienne écriture hébraïque pour lui substituer l'hébreu moderne. Il a laissé quatre livres sous le titre de
Livres d'Esdra et de Néhémie qui contiennent l'histoire de la
restauration du peuple juif après la captivité de Babylone.

(1) Ceci seul prouve qu'en affirmant que le peuple juif a joui
de tout temps de l'unité divine on ment effrontément.

(2) C'est l'essence de ces récits qu'on place dans les mains des
enfants sous le titre fallacieux d'*Histoires saintes*. Dès l'*Exode*
on est initié aux guerres civiles, aux vengeances d'un Dieu
éminemment sanguinaire. Quand Moïse redescend du Sinaï et
trouve le veau d'or fondu par Aaron, il appelle à lui ceux de la
tribu de Lévi et leur fait massacrer trois mille Hébreux. Le livre des *Juges* est rempli par l'idolâtrie, par des sacrifices humains, par des exterminations de familles et de tribus, par des
supplices épouvantables infligés aux vaincus, par des rapts, des
brigandages et des meurtres.

(3) C'est une histoire dans laquelle le dieu Jawhé intervient
continuellement.

Les rabbins, cependant, n'ont pas toujours admis les relations
directes de Dieu avec l'homme. Devrions-nous avoir recours à

ler en partie les premiers livres des hébreux, on possède *les Chroniques* ou *Paralipomènes* qui ont été rédigées sur des documents qui ne sont point parvenus jusqu'à nous (1). Il ne faut cependant pas y ajouter une foi aveugle, et, seules peut-être, les deux premières parties des *Macchabées* semblent avoir été rédigées avec une impartialité digne de crédit (2). La poésie lyrique et le

une explication symbolique? Jéhowah n'est-il ici qu'une figure qui représente tantôt la conscience d'un David, tantôt le persécuteur ou le vengeur du peuple, une cause idéale à laquelle on rapporte tout? On voit, en effet, que s'il arrive du mal aux Israélites, c'est qu'ils ont attiré la colère céleste, et qu'au contraire, s'il leur arrive du bien en abondance, c'est qu'ils ont contenté Dieu. Si on considère Dieu autrement que comme une figure, on a devant soi un véritable bourreau, tout humain, vindicatif, sujet à l'emportement et à la colère, peu susceptible de réflexion, avec lequel le peuple juif traite ses affaires de gré à gré, qu'il abandonne quelquefois et auquel il revient ensuite. Peut-on considérer Jawhé autrement que comme l'histoire même du peuple, de ses maux, de ses joies, de ses espérances? L'événement, c'est Dieu? Le Dieu des Hébreux dit : « C'est moi qui donne la vie et la mort, c'est moi qui frappe et qui guéris. » Et le peuple frappé et guéri tour à tour s'incline devant l'arche sainte emblématique.

(1) Notre contrôle sur les livres saints est loin d'être sûr. Chacun des auteurs qui travaillèrent à ces livres y apporta un esprit différent, et passa sous silence bien des faits consignés ailleurs, ou publia des faits qu'ailleurs on ne retrouve point. Aucune méthode n'a présidé à l'élaboration de ces histoires, et, comme il ne se trouve, pour la plupart d'entre elles, aucun auteur profane qui permette de les contrôler, on est mis souvent dans l'impossibilité de leur accorder quelque crédit.

(2) L'histoire des Juifs qui retrace les faits appartenant à la période qui suit la captivité de Babylone est une des plus curieuses, car elle se trouve pleine des doctrines de Zoroastre, doctrines qu'il est facile de suivre, quoiqu'assurément elles y soient moins apparentes, jusque dans la *Kabbale*, les *Évangiles* et l'*Apocalypse*.

roman chez les Hébreux se sont élevés bien au-dessus de leurs histoires (1).

Q. — Quelle était l'opinion des juifs eux-mêmes par rapport à leurs livres ?

R. — L'inspiration divine sous laquelle les juifs croyaient que leurs livres étaient écrits n'allait pas jusqu'à leur faire exclure l'élément humain. Un des plus savants d'entre les juifs, Philon (2), en un endroit, partage cette opinion que l'homme a pu altérer l'inspiration divine, quoique, en un autre endroit, il se prononce pour l'inspiration littérale. Un autre juif célèbre, Josèphe (3), se rattache aussi à l'inspiration littérale. C'est évidemment cette opinion qui prévaut généralement.

(1) La poésie lyrique des Hébreux est fort élevée dans *Job* et dans ces chants nationaux connus sous le nom de *Psaumes*; le roman, comique dans *Jonas*, devient cruel et sauvage dans *Esther :* il pousse à la prostitution et à l'assassinat dans *Judith* et devient de mœurs naïves et douces dans *Tobie*. On distingue chez les Hébreux deux sortes de poésies, le *S'ir* ou poésie lyrique, et le *Mas'al* ou poésie didactique. Il ne faut comparer en quoique ce soit ces productions qui ne se distinguent de la prose que par des divisions en couplets à la poésie des Grecs et des Romains.

(2) Philon, philosophe grec-hébreu d'Alexandrie, est un de ceux qui luttèrent le plus pour accorder le mosaïsme avec la philosophie hellénique. Avec Aristobule, il est le plus célèbre de ceux qui prétendirent que tout ce qui leur paraissait divin dans la philosophie grecque avait dû être inspiré par Dieu, comme le mosaïsme.

(3) Josèphe, historien juif, né en 37, mort en 100. Il s'allia avec les Romains et fut délaissé et honni par les siens.

DU CHRISTIANISME. — SON APPARITION

Q. — D'où est sorti le christianisme?

R. — Le christianisme est sorti du mélange des idées juives avec les philosophies de la Grèce qui s'étaient inspirées les unes et les autres (1) des doctrines répandues dans l'Inde.

Q. — Comment s'est produit le christianisme?

R. — Le christianisme s'est produit génétiquement de même que le bouddhisme : l'un et l'autre ont été des religions sociales.

Q. — Qu'entendez-vous par religion sociale?

R. — Nous entendons une religion qui ne se contente pas d'offrir une formule abstraite à la crédulité d'une sexte, mais qui se donne la mission de changer et d'organiser la société.

Q. — Comment le christianisme se produisit-il de la même façon que le bouddhisme?

R. — Le christianisme fit sortir l'enseignement sacré du sanctuaire où les prêtres le tenaient renfermé; il annonça à tous la possibilité de se sauver par la vertu, et d'expier sa faute par le repentir et l'aveu. Il a été persécuté et il a lutté longtemps contre un polythéisme puissant. Il a été chassé à la fin du pays où il avait pris naissance et s'est développé loin de son berceau. Il s'est propagé par la prédication et a recruté surtout ses prosélytes dans les rangs inférieurs des

(1) Soit par les voyages des philosophes, soit dans les captivités comme celle de Babylone où le peuple juif s'était encore trouvé en contact avec les gymnosophistes, philosophes indiens qui allaient presque nus et s'abstenaient de viandes et de toutes voluptés.

2.

membres de la société qu'il appelait à une condition meilleure (1).

Q. — Lorsque le christianisme apparut, les temps étaient-ils mûrs pour une religion nouvelle?

R. — Oui. Bien avant l'ère par laquelle nous comptons, le polythéisme était parvenu au plus haut point de sa perfection dans les pays où le christianisme allait pénétrer. Il y avait une disproportion toujours croissante entre les dogmes du polythéisme et la philosophie. Le culte des dieux multiples arrivait donc à son déclin. Les progrès des connaissances physiques, la découverte des causes d'événements considérés jadis comme miraculeux, avaient amené une disjonction entre les savants sceptiques qui allaient jusqu'à se moquer des prédictions de la Pythie et le peuple qui restait crédule.

Q. — Cette situation n'était-elle pas plus accentuée à Rome qu'ailleurs?

R. — Oui; à Rome surtout on sentait le besoin d'une rénovation religieuse. Un parti s'était formé qui demandait qu'au lieu de s'abandonner aux tâtonnements des prétendus sages, on adoptât comme règle les enseignements de ses pères, sans s'en préoccuper davantage. C'était ce parti qui voulait brûler les livres de Cicéron et les écrits des philosophes. Le polythéisme s'était usé en déifiant jusqu'aux objets les plus vils;

(1) Nous ne saurions trop insister sur les rapprochements nombreux qui existent entre ces deux religions; de même que le bouddhisme persécuté par la classe puissante et noble des brahmanes est peu à peu tombé et a laissé son berceau aux prêtres de Brahma, de même le christianisme a presque complètement disparu de la Palestine; on pourrait ajouter que, de même que le bouddhisme, il a dégénéré en ergotisme et en idéologie.

jusqu'aux actions les plus basses, et en cessant d'être simplement la représentation des forces de la nature. Evhémère lui avait, pour ainsi dire, porté le coup de grâce en publiant que tous les dieux n'étaient que des héros ou des rois déifiés (1). Une seule religion était devenue possible : le théisme (2). On avait commencé à représenter sur les autels l'unité divine par les statues Panthées (3), qui réunissaient et confondaient les attributs des différentes divinités. Mais ces nouveaux dieux étaient servis par les prêtres des divinités anciennes qui se moquaient des uns et des autres et donnaient au peuple des enseignements différents de ceux qu'eut exigé un changement radical de culte. Le mécanisme religieux devait donc être renouvelé. Il fallait de nouveaux prêtres. Ce fut alors que, petit à petit, on connut le christianisme et que les empereurs trouvèrent leur intérêt à le tirer de son obscurité.

Q. — Qu'est-ce que le christianisme?

R. — Le christianisme, en tant que religion positive et d'autorité, s'appuie sur l'idée d'une révélation particulière, émanant d'un Dieu unique et tout-puissant, et annoncée aux hommes par des envoyés divins, dont les enseignements, transmis de vive voix, puis par écrit,

---

(1) Évhémère, philosophe grec selon les uns, sicilien de Messine selon les autres, qui n'accorda aux dieux mythologiques qu'une valeur historique.

(2) Le *déisme* est la croyance en la divinité quelconque, une ou multiple, puissance supérieure ou régulatrice; le *théisme* est la croyance en un dieu, révélé, unique, être suprême possédant les attributs étendus de l'espèce humaine, ce qui est l'anthropomorphisme.

(3) Panthées, de Pan, le dieu des bergers qui accompagne Bacchus dans son expédition de l'Inde; il devient le dieu des champs, des vergers, des prairies, des forêts, puis se forme la légende du grand Pan, dieu comprend la nature.

sont consignés dans des livres appelés la *Bible* et l'*Ecriture-Sainte.*

DU CHRISTIANISME. — JÉSUS

Q. — Sur qui a-t-on fondé la religion chrétienne?

R. — Sur Jésus (1) dit le Christ.

Q. — Qu'est-ce que Jésus-Christ?

R. — *Un homme* (2).

Q. — Où est-il né?

R. — On croit qu'il naquit à Bethléem.

Q. — Quelle était sa famille?

R. — Son père était un artisan pauvre et chargé de famille; la mère de Jésus, que les livres orientaux, qui seuls en parlent, représentent comme une femme de mœurs légères, ayant eu six enfants.

Q. — Est-il possible d'établir exactement la vie de Jésus?

R. — Non, cette vie fut ob-

L'aspect du Christ n'était pas beau; il n'avait ni forme ni gloire.

(1) D'après Jacolliot, on trouverait dans les livres hindous : *Zeus, Jeus, Tzeus, Jesus (Dyaus)*. Brahma est victime dans son fils *Crischna*, et dans le Sâmaveda, Crischna se sacrifie lui-même pour nous sauver et le prêtre qui officie est Crischna personnifié.

(2) « Son aspect (au Christ) n'était pas beau... Il ressemblait à une maigre racine dans un sol altéré; il n'avait ni forme, ni gloire. »

scure jusqu'à son apostolat et peu connue pendant qu'il l'accomplit, et, après qu'il l'eut accompli, il fut crucifié ayant un peu plus de cinquante ans (1).

Q. — Quelles sont les idées déjà connues qu'on .dit être absolument propres à Jésus ?

R. — Il est impossible de les dégager entièrement des idées de ses disciples.

Q. — Ce qu'on lui attribue est-il clair ?

R. — Non, car il se contredit souvent et n'est jamais bien déterminé ; de plus, il ne parle que par paraboles, c'est-à-dire dans un langage figuré qu'on peut interpréter dans des sens différents.

Q. — Pourquoi Jésus parle-t-il par paraboles ?

R. — Parce que cette manière de s'exprimer, habituelle aux hébreux, lui permet d'abuser plus aisément le peuple.

Q. — Abuse-t-il sciemment le peuple ?

R. — Peut-être, car il avoue qu'il s'adresse aux israélites « afin qu'il voient sans voir et qu'ils entendent sans comprendre, de peur qu'ils ne se convertissent et que leurs péchés ne leur soient pardonnés. »

Q. — Quel était le but de Jésus lorsqu'il commença sa carrière messianique ?

____

(1) D'après saint Irénée, le Christ vécut plus de cinquante ans ; Irénée tenait cette tradition des disciples de Jean, qu'il avait connus dans sa jeunesse et qui, eux-mêmes, l'avaient recueillie de la bouche du compagnon de Jésus.

La date de la naissance de Jésus est encore plus obscure que celle de sa mort. Certains la fixent au 6 janvier, d'autres au 6 avril. C'est Denys-le-Petit qui indique la date du 25 décembre, date qui fut adoptée en l'an 137 lorsqu'on substitua la Noël aux *paganelia* de Servius Tullius. L'année est aussi incertaine que le mois, on ne sait encore aujourd'hui exactement sous le consulat duquel des Pison on la pourrait placer.

R. — Son but était d'épurer la religion hébraïque et d'abaisser la secte toute-puissante des pharisiens.

Q. — Songeait-il à émettre de nouvelles doctrines?

R. — Il ne pensa pas à substituer une nouvelle doctrine à l'ancienne et ne présenta même pas de solution plus satisfaisante des problèmes ardus de la métaphysique qui se posaient depuis des siècles dans les sanctuaires et dans les écoles.

Q. — Jésus ne pensa-t-il point à immatérialiser l'âme?

R. — Non, Jésus ne pensa pas à immatérialiser l'âme et la plupart des pères de la primitive Église, qui faisaient Dieu lui-même corporel, n'y pensèrent pas davantage (1).

Q. — S'attaqua-t-il au culte établi?

R. — Non, il ne s'attaqua ni aux croyances ni aux rites établis.

Q. — Qu'est-ce que Jésus proclama?

R. — Le monothéisme pur, tel que l'avaient proclamé les prophètes.

Q. — Quel titre se donna-t-il?

R. — Celui de *Messie*.

Q. — Quel était la valeur de ce titre?

R. — Jésus n'attacha à ce titre d'autres prérogatives que celles qui convenaient au plus grand des prophètes, au roi théocratique que les juifs attendaient (2).

(1) Pendant les trois premiers siècles, l'Église professa l'opinion de Tertullien, qui en fait même un dogme de foi, que les âmes sont corporelles; elle croit que l'âme sans le corps ne peut plus rien sentir. Beaucoup plus tard, au XIVe siècle, le pape Jean XXII renouvela cette opinion que les âmes des justes n'arrivent au Paradis qu'après la résurrection des corps.

(2) D'après Strauss, *Messie* et *Christ* sont termes synonymes. Dans l'Évangile de Jean, il est dit : « Nous avons trouvé le Messie, c'est-à-dire le Christ, » dans saint Luc « il y aura de faux

Q. — La prédication de Jésus ne se distingua-t-elle donc par aucun caractère particulier?

R. — Si, car elle tendit à établir cette différence entre le judaïsme et le christianisme : le premier culte insistait sur la justice vengeresse de Dieu, le second fit plutôt ressortir la bonté et la miséricorde divine.

DU CHRISTIANISME. — LES APOTRES

Q. — Quand Jésus commença sa carrière messianique, s'adjoignit-il des collaborateurs.

R. — Oui, il forma autour de lui un petit groupe d'adhérents qui, plus tard, devaient continuer sa mission?

Q. — Comment choisit-il ses disciples?

R. — C'est le hasard qui semble les lui fournir. Il y a d'abord les membres de sa famille qui le suivent, notamment son frère Jacques ; dans une excursion sur les bords du lac de Galilée il engagea Pierre et André à le suivre, puis Jacques et Jean, fils de Zébédée. On connaît encore Simon, Philippe, Matthieu, et un certain Nathanaël nommé en passant. Paul, quoiqu'il n'eut

christs, c'est-à-dire de faux prophètes. » *Christ* signifie *oindre*, corps frotté d'huile, on le trouve employé comme oint de Dieu, d'où, sans doute, fils de Dieu, fils de l'homme. C'est dans l'évangile de Jean que le verbe, parole, logos, est assimilé à la divinité, ce qui laisserait supposer chez lui un fond de doctrine pythagoricienne. Pourtant, d'après le même évangile de Jean, le Christ s'attribue des qualités qui établiraient une égalité d'essence entre lui et Dieu, quoiqu'ailleurs il se déclare positivement inférieur à son père. Pour Paul, Jésus est une créature, mais la plus noble des créatures. Ce sont là des contradictions qui sont nombreuses dans les livres saints et qui ont permis d'appuyer sur des textes les opinions les plus contraires.

pas connu Jésus, prit aussi le titre d'apôtre que les amis du Christ voulaient se réserver à eux seuls. Ce sont là tous les noms connus des douze apôtres (1). En même temps Jésus se choisit soixante-dix disciples, sortes d'émissaires qui devaient aller deux par deux annoncer sa venue (2).

Les Apôtres.

(1) Nous avons omis à dessein le nom de Judas de Karioth qui paraît s'être retiré dans la vie privée après la mort de Jésus et ne pouvait faire partie de la petite église dirigeante qu'on appelait à Jérusalem le conseil des douze.

(2) Cette assertion est fort sujette à caution. D'après Luc ces émissaires auraient été préparer les populations à recevoir la visite de Jésus et Jésus voyagea fort peu. Peut-être Luc avance-t-il la nouvelle de cette création des soixante-dix disciples pour donner plus d'autorité aux prédications qui se faisaient de son temps, et c'est pour cela que nous ne l'admettons qu'en rapportant ces missions à la parole du Christ plutôt qu'à sa personne.

DU CHRISTIANISME. — SON DÉVELOPPEMENT

Q. — Où le christianisme fit-il son apparition?

R. — En Palestine, étroite bande de la terre d'Arabie sur le littoral méditerranéen, où se trouvait alors le petit peuple hébreu.

Q. — Les israélites reconnurent-ils Jésus comme le Messie promis par les prophètes?

R. — Non, les hébreux attendent encore le Messie.

Q. — Personnellement, Jésus ne trouva donc pas d'adeptes parmi ceux de sa nation?

R. — Si, mais en nombre très restreint et dans les dernières couches de la société (1).

Q. — Ces adeptes acceptèrent-ils Jésus tel qu'il se donna?

R. — Non, les judéo-chrétiens subirent à l'égard de Jésus des divergences plus ou moins grandes d'opinion. Ils ne l'admettaient pas sans discussion, mais à toutes les questions embarrassantes Jésus se taisait ou il répondait obscurément. On se demandait ce qu'il apportait au monde et on ne savait que répondre.

(1) Ce qui le prouve bien, c'est que lors de la condamnation de Jésus personne parmi le peuple ne fait entendre un cri en sa faveur. Évidemment le peuple s'est arrêté à entendre sa parole et à la discuter, mais Jésus ne s'est formé aucun parti; s'il s'en était formé un, sa mort eût causé au moins une émotion populaire tandis qu'on la regarda indifféremment. Jésus a autour de lui le petit groupe de ses apôtres, c'est tout, et ceux-ci ont si peur de leur isolement et savent si bien qu'ils n'ont aucun appui à attendre du peuple, qu'ils abandonnent Jésus et se cachent au dernier moment. — Renan ne parle pas autrement des prosélytes de Jésus que comme d'une *petite famille*. Après la mort de Jésus, il y a tout au plus cinq cents personnes « groupées autour de son souvenir. »

Q. — Comment se fit-il donc que le **christianisme** put prendre de l'extension?

R. — En franchissant les limites de la **Judée** dans laquelle il serait resté une pauvre petite secte juive.

Q. — Comment se propagea la religion nouvelle?

R. — Par la prédication.

Q. — De quelle façon se faisait cette prédication?

R. — Elle se faisait obscurément, dans des **réunions** intimes où les apôtres exposaient leurs idées et leurs rêves et commentaient, dans le sens qui leur était le plus cher, les paroles qu'ils avaient entendues de la bouche du Christ (1).

Q. — Dans quelle partie de la population les **apôtres** recrutaient-ils leurs auditeurs?

(1) Il est utile d'insister sur ce sujet. On se représente ordinairement les apôtres prêchant à la foule assemblée sur les places publiques tandis qu'ils tenaient plutôt *des sortes de conversations* entre eux ou avec ceux qui peu à peu croyaient que Jésus était le messie promis.

Les apôtres étaient, autant qu'on peut l'être, petits, étroits et inexpérimentés, mais il menaient cette vie de jeûne et d'austérité, ils avaient cette sobriété syrienne, qui, si elle produit la faiblesse physique, produit aussi l'exaltation nerveuse. Ils vivaient dans leur imagination, ils crurent à ce qu'ils imaginèrent, notamment à la résurrection du Christ et la donnèrent comme vraie. Ils mirent une foi réelle en leur maître au service de la parole qui le divinisait.

Les femmes aussi eurent leur part dans la fondation du christianisme. Ce furent elles qui découvrirent le tombeau vide, et Marie de Magdala, Marie Cléophas, Jeanne, Suzanne, les premières s'écrièrent qu'elles avaient vu l'ange au bord du sépulcre et que Jésus était remonté au ciel. Elles jouirent des apparitions de Jésus lorsqu'elles retournèrent en Galilée avec les apôtres pour revoir les endroits où ils avaient vécu, tous, avec Jésus. Ces femmes meurent avec la tradition galiléenne. Saint Paul ne les connaît pas. Elle ne reparaissent qu'au moyen âge, quand l'Église veut arracher la femme de l'état de brutalité où elle l'a tenue jusqu'alors.

R. — Parmi les juifs hellénistes (1) et les esséniens (2).

Q. — Qu'était-ce que les juifs hellénistes?

R. — C'étaient les juifs qui employaient la langue grecque dans leurs prières et lisaient la Bible en grec (3), tandis que les autres juifs (juifs hébreux), ne se servaient que du texte hébreu.

Q. — Qu'était-ce que les esséniens?

R. — Les esséniens formaient une secte communiste à laquelle Jésus appartenait probablement (4).

(1) Jérusalem était une ville essentiellement polyglotte. Les juifs purs, les pharisiens, qui lisaient la Bible dans le texte hébreu, parlaient l'araméen ou une sorte de dialecte palestinien qui s'y rattachait (l'hébreu était le syro-chaldaïque) ; ils étaient hostiles aux juifs parlant la langue du commerce, le grec, parmi lesquels il y avait beaucoup d'étrangers seulement affiliés au judaïsme, qui venaient de Syrie, d'Asie Mineure, d'Égypte et de Cyrène. Jésus parlait araméen. Ses compagnons étaient des Hébreux purs, mais ils parlaient un dialecte qui n'eût point été compris à quatre lieues de Jérusalem, et ce furent des prosélytes plus instruits que les premiers apôtres qui se chargèrent de prêcher au loin la religion nouvelle.

(2) Nous établissons, en séparant les esséniens de l'élément helléniste, une distinction beaucoup trop arbitraire, les esséniens devant entrer en grande partie dans l'élément gréco-judaïque.

(3) Ils avaient beaucoup adouci la Bible en la traduisant, ce fut une raison de plus pour qu'ils se rapprochassent des apôtres qui inclinaient vers une religion pleine de mansuétude. Ils appartenaient à la classe laborieuse et commerçante de la nation et étaient hostiles aux riches, aux pharisiens, et disposés, en conséquence, à prendre parti pour une secte qui s'élevait contre ces derniers.

(4) Lorsque Jésus se donna sa mission, les juifs étaient partagés en trois sectes : les pharisiens, les sadducéens et les esséniens.

Les pharisiens composaient la classe riche, savante, patriote, ayant en horreur le joug romain, et attendant impatiemment

Q. — Les prosélytes hellénistes furent-ils nombreux en Judée ?

un roi qui les délivrât de l'étranger. Cette secte ne fournit point de prosélytes à Jésus, et il n'y a qu'à ouvrir le Nouveau-Testament pour voir combien celui-ci lui était hostile.

Les sadducéens étaient les ambitieux, les habiles, les sceptiques. Ils voulaient parvenir aux charges publiques et religieuses, amasser de la fortune ; ils étaient au mieux avec l'autorité romaine et ils n'écoutèrent trop la parole de Jésus que pour la condamner.

Ce fut la secte des esséniens qui fournit le plus de prosélytes à Jésus. Les esséniens étaient les pauvres et les déshérités. Ils croyaient à la vie future, à un séjour fortuné, à un enfer ; ils pratiquaient la communauté des biens ; ils avaient adopté l'uniformité dans le costume ; ils menaient une vie frugale ; ils méprisaient les femmes et admettaient la passivité mystique. Ils étaient imbus, on le voit, des religions des hindous. Les esséniens faisaient beaucoup de propagande pour leurs idées. Jean-Baptiste le Précurseur prêchait d'après les idées esséniennes, mais la violence de son tempérament le fit jeter en prison par ordre du Tétrarque de Galilée. Jésus lui succéda. Après Jésus, il semble que les esséniens se confondent avec les chrétiens ; on n'en retrouve plus trace nulle part, car Eusèbe de Césarée nous donne les esséniens d'Égypte ou Térapeutes comme des chrétiens convertis par saint Marc.

La secte est peu nombreuse ; peu nombreux, ainsi qu'on l'a vu plus haut, sont les chrétiens. On ignore même en Judée qu'il y ait des *chrétiens*, ce terme, ainsi qu'on le verra plus loin, étant parti d'Antioche. Peut-être les esséniens les couvrent-ils de leur nom et le gros du public ignore-t-il qu'un petit groupe d'amis est en train d'inventer une divinité nouvelle. Ce qui est certain, c'est que dans la guerre que les Romains firent en Galilée, en Pérée, en Samarie et en Judée, guerre qui dura plus de trois ans, ils ne signalèrent nulle part les traces de la religion de Jésus, à moins qu'on ne prenne pour chrétiens les forcenés qui hâtèrent, par leurs divisions intestines, la prise de Jérusalem par Titus (70 et 71). Trajan, en l'an 110, ne paraît pas connaître les chrétiens, ainsi que le prouve sa lettre au gouverneur de Bythinie, Pline-le-Jeune.

R. — Leur nombre dut finir par s'élever à quelques milliers.

Q. — Est-ce par eux que la religion nouvelle sortit de la Palestine ?

R. — En grande partie, par les relations qu'ils avaient avec les peuples voisins, relations qu'ils ne pouvaient guère avoir sans communiquer aux autres la parole nouvelle qu'ils recevaient chez eux.

Q. — Qui aida le plus à la diffusion de la religion qui allait tirer son nom du Christ ?

R. — Saint Paul.

Q. — Qu'est-ce que saint Paul ?

R. — Un apôtre.

Q. — Saint Paul était-il apôtre à l'égal des autres, de Jacques, Pierre et Jean, par exemple ?

R. — Non, parce que saint Paul n'avait pas reçu la parole directement du maître et qu'il ne se voua à la religion nouvelle qu'après la mort de Jésus ; pour ces raisons les autres apôtres le regardaient comme inférieur à eux-mêmes qui avaient été les compagnons du Christ (1).

Q. — La prédication de Paul ressembla-t-elle à celle des autres apôtres ?

R. — Non. Les compagnons de Jésus se contentaient de répéter les faits et gestes de leur maître arrangés par leur imagination, tandis que saint Paul, se plaçant hardiment dans le domaine psychologique, considéra l'âme dans ses rapports avec Dieu et donna à la religion son caractère d'universalisme en établissant que Jésus n'était pas mort uniquement pour les Juifs mais aussi

(1) Paul ou Saul fut même un des persécuteurs les plus archarnés des premiers chrétiens. Il prit part à la lapidation d'Étienne.

pour les païens. C'est pour cela qu'on dit, avec assez de justesse, que saint Paul est le véritable fondateur du christianisme.

Q. — Les autres apôtres approuvèrent-ils la prédication de Paul.

R. — Non, les autres apôtres refusèrent d'admettre que Jésus fut mort pour les gentils et qu'on put devenir chrétien si l'on n'était pas juif.

Q. — Quel résultat des opinions aussi opposées produisirent-elles?

R. — Le résultat fut qu'une grande querelle s'éleva au sein de l'Église, moins de vingt ans après la mort du Christ.

Q. — Comment s'apaisa cette querelle?

R. — Les apôtres et quelques fidèles se réunirent pour discuter les opinions que Paul défendait, principalement contre Pierre et Jean, et ils donnèrent raison à Paul. C'est cette réunion qu'on a nommée le premier concile de Jérusalem.

Q. — Ce premier des conciles décida donc que, suivant les idées de Paul, les païens seraient admis dans l'Église?

R. — Oui, on déclara que les païens seraient reçus dans l'Église, à condition qu'ils promissent de ne plus participer au culte des autres dieux, de n'assister à aucun festin où seraient servies des viandes offertes aux idoles, et de s'abstenir des mets dans lesquels entrerait le sang et la chair des animaux étouffés.

Q. — Ces conditions n'étaient-elles pas les conditions imposées pour être reçu dans la Synagogue?

R. — Oui, moins la circoncision.

Q. — La circoncision ne fut-elle plus exigée pour entrer dans l'Église?

R. — Si, elle fut toujours exigée pour les juifs, mais

les gentils ne furent pas obligés à se faire circoncire pour devenir chrétiens.

Q. — Ces prescriptions restèrent-elles longtemps en vigueur dans l'Église ?

R. — Oui.

Q. — Comment les appelait-on?

R. — Les principes noachiques, parce qu'elles passaient pour être en usage depuis Noé.

Q. — Que produisit le maintien des principes noachiques?

R. — Que cette opinion des Ebionites (1) et des Nazaréens (2) se trouva accréditée que Jésus n'avait rien de divin, que c'était un simple prophète et que la loi de Moïse devait continuer à être observée (3).

Q. — Quelle conséquence tirez-vous de ces détails?

R. — Que Jésus ne donna de loi aucune.

Q. — L'apôtre Paul est-il le seul à avoir émis une théorie fondamentale du christianisme?

R. — Non ; durant des siècles beaucoup contribuent à fonder le christianisme qui cependant ne lui forment aucune doctrine positive. Un autre apôtre, Jean, fit, ou plutôt fut fait par ses disciples, le chef des tendances mystiques et contemplatives de la religion nouvelle.

Q. — Les premiers sectateurs de Jésus entrent-ils dans ces distinctions métaphysiques?

R. — Les premiers sectateurs de Jésus ne se livrent

---

(1) Ébionites, mot hébreu qui signifie pauvre, humble.

(2) Nazaréens, nom donné aux premiers sectateurs de Jésus qui avait habité Nazareth.

(3) Les ébionites et les nazaréens étaient des Hébreux lisant la Bible en hébreu. On ne combattit pas d'abord ces sectes. Justin les traite avec douceur, mais bientôt Irénée se montre plus sévère, et Épiphane les classe définitivement parmi les hérésies.

point à tant de distinctions, métaphysiques (1) ou autres ;
tout se réduit à ceci : ils acceptent Jésus comme le
Messie promis, s'ils sont juifs, et, s'ils sont païens, ils
prennent la religion nouvelle comme une communauté
qui leur assure une existence moins isolée et plus régulière (2).

Q. — Où se trouvèrent les premiers chrétiens, en
dehors de la Palestine ?

· R. — Les premiers chrétiens se trouvèrent nécessairement près des frontières de la Palestine ; ce fut chez
les Syriens.

Q. — Où Paul accomplit-il sa première mission ?

R. — A Damas (3).

Q. — Quelle ville devint à cette époque (4) le foyer
le plus important du christianisme ?

R. — Antioche (5).

(1) Ce qui a rapport à l'être.

(2) Le christianisme est, en principe, le communisme. Il s'a-
dressa de préférence aux dernières classes sociales dans lesquelles il est plus facile de faire des adeptes et on peut se figu-
rer, surtout si on se reporte à l'époque et au pays qui le virent
naître, combien de pauvres orientaux, sobres, n'ayant besoin
que de peu de nourriture et aimant la vie paresseuse et contem-
plative, se trouvèrent heureux de recevoir par la communauté
des biens, une part de ce que les autres possédaient et appor-
taient aux apôtres pour être partagé. Ils réalisaient ainsi leur
désir le plus cher : vivre sans s'occuper de la vie et rêver.

(3) On sait que c'est sur la route de Damas que Paul, pris
d'un de ces accès de fièvre fréquents en ces contrées, crut voir
Jésus lui apparaître. Il était venu à Damas pour persécuter les
partisans du Christ qu'il y pourrait trouver et on le vit propager
la religion dont il devenait le principal fondateur. L'apparition
du Christ à Paul, que Renan explique par un accès de fièvre, fut
peut-être tout simplement la vision du rôle que saint Paul
pouvait jouer en changeant d'opinion, et il le joua.

(4) Vers l'an 44.

(5) Damas, Antioche, étaient alors de grandes villes, riches

Q. — Est-ce d'Antioche que partirent les premières grandes missions?

R. — Oui, c'est d'Antioche que partirent Paul, Barnabé et Jean-Marc pour convertir le monde (1) à ce qui dès lors s'appela le *christianisme* (2).

Q. — Qu'entendez-vous en disant que ces missionnaires allaient convertir le monde?

en monuments, dont les habitants possédaient de grandes fortunes et où tous les plaisirs étaient goûtés.

(1) Barnabé fonda l'Église d'Antioche et convertit beaucoup d'habitants à la foi en Jésus. Barnabé ramena, dans un voyage qu'il fit à Jérusalem, Jean-Marc (qui avait été le disciple chéri de Pierre) et Paul (qui vivait dans la retraite) à Antioche; ce fut à eux trois qu'ils organisèrent les missions.

(2) Renan parlant d'Antioche, où la secte eut pour la première fois conscience d'elle-même, ajoute : « Ce fut dans cette ville qu'elle reçut un nom distinct. Jusque-là, les adhérents s'étaient appelés entre eux « les croyants », les « fidèles », les « saints », les « frères », les « disciples »; mais il n'y avait pas de nom officiel et public pour les désigner. C'est à Antioche que le nom de *Christianus* fut formé. La terminaison en est latine et non grecque, ce qui semble indiquer qu'il fut créé par l'autorité romaine, comme appellation de police, de même que *herodiani, pompeiani, cæsariani*. Il est certain, en tous cas, qu'un tel nom fut formé par la population païenne. Il renfermait un malentendu ; car il supposait que *Christus*, traduction de l'hébreu *Maschiah* (le Messie), était un nom propre. Plusieurs, même de ceux qui étaient peu au courant des idées juives ou chrétiennes, devaient être amenés par ce nom à croire que *Christus* ou *Chrestus* était un chef de parti encore vivant. La prononciation vulgaire était, en effet, *christiani*.

Les juifs, en tous cas, n'adoptèrent pas, au moins d'une façon suivie, le nom donné par les Romains à leurs coreligionnaires schismatiques Ils continuèrent d'appeler les nouveaux sectaires « nazaréens «, ou « nazoréens », sans doute parce qu'ils avaient l'habitude d'appeler Jésus *Han-nasri* ou *Han-nosri*, « le Nazaréen ». Ce nom a prévalu jusqu'à nos jours dans tout l'Orient. »

R. — Le Monde, c'est-à-dire l'Empire romain qui embrassait une grande partie du monde connu, et qui, par son unité, allait permettre au christianisme, dès qu'il serait maître du centre, de couler par toutes les artères de l'organisation de l'Empire et d'inonder le monde romain de ses doctrines.

Q. — Sur quelles sortes de gens la propagande chrétienne put-elle s'exercer à Rome?

R. — Les riches ne pouvant accepter une religion qui professait le mépris de la famille, de la société, de la propriété, la prédication apostolique de Paul, de ses successeurs n'eut d'action, à Rome comme à Jérusalem, que sur les pauvres et les humbles, sur les petites gens, les gens de rien (1).

Saint Paul n'était écouté, à Rome, que par les plus pauvres
et les plus humbles.

(1) Les progrès du christianisme dans ces classes étaient tout naturels. Il venait opposer une autorité morale à une force matérielle Il eût été étonnant qu'il trouvât d'abord un appui auprès des puissances dont il venait saper le pouvoir, mais il eût été non moins singulier qu'il ne fût pas entendu des faibles auxquels il apportait la force d'une association pour résister aux grands. Les esclaves furent jusqu'à croire que l'Église les délivrait, et il ne furent désabusés tout à fait que le jour où le christianisme entra dans la voie des honneurs.

Q. — L'autorité romaine se montra-t-elle immédiatement hostile aux chrétiens?

R. — Non, car elle ne les connut pas. Pendant longtemps, à Rome, on ne distingue pas le chrétien du juif (1).

Q. — Vers quelle année les empereurs se montrent-ils hostiles à la secte nouvelle?

R. — Ce fut vers l'an 170 que les empereurs combattirent le système de la religion révélée comme de nature à amener la fin de l'humanité.

Q. — Qui attira l'attention sur les chrétiens?

R. — Les associations qu'ils formèrent. L'empire romain n'admettait l'association ni dans l'État, ni en dehors de l'État. Si la confrérie chrétienne avec ses repas de corps est d'abord tolérée, c'est qu'on la prend pour un collège n'ayant d'autre but que de veiller à l'inhumation de ses morts (2). Aussitôt que la secte fut

(1) Néron lui-même, tant calomnié par les chrétiens, ne paraît pas les avoir connus. Tibère expulse les juifs et les Égyptiens et ne parle pas des chrétiens.

(2) Rome était l'État laïque par excellence et c'est pour cela qu'elle a été si grande et qu'elle est restée le modèle de toutes les sociétés modernes qu'elle domine encore de ses lois. L'empire est hostile à la théocratie, et si les cultes jouissent tous de la plus grande liberté, s'il n'y a point à Rome, comme à Athènes, d'accusations d'impiété, il n'entend pas qu'ils empiètent sur le domaine civil, il n'entend pas que, sous le couvert de la religion ou un autre, il se forme une association, qui paraîtrait devant la loi romaine un État dans l'État. Déjà 186 av. J., sous la République, les principes de la loi romaine contre les confréries avaient été promulgués à propos des saturnales. On ne visait point alors le christianisme. Maints cultes avaient été proscrits avant qu'on pût songer à la secte chrétienne, cultes qui, il est vrai, si l'on en croit Suétone et Dion Cassius, avaient reparu quelque temps après.

On veillait donc avec un soin jaloux sur toutes les associations. Elles avaient besoin pour exister d'une autorisation préa-

mieux connue, on put constater son caractère illégal et on la frappa avec la loi romaine (1).

lable, et un décret établissait que les *collèges* ne pouvaient se réunir qu'une fois par mois et pour s'occuper uniquement de la sépulture des membres défunts.

Malgré les peines sévères qu'on encourait, ces associations étaient fort recherchées de toutes les petites gens qui n'avaient point de famille, de foyer, des femmes surtout. On voit que le terrain était préparé pour la confrérie chrétienne.

(1) N'oublions jamais ceci, que, contrairement aux associations nombreuses des chrétiens on ne les persécute. On n'inventa pas pour eux des supplices. On ne partit point de la légalité en les décapitant, en les brûlant, en les donnant en pâture aux bêtes fauves du cirque. C'étaient là les peines édictées par la loi romaine contre les criminels et les malfaiteurs quels qu'ils fussent.

Quant à la façon dont les chrétiens se comportaient dans les supplices cela n'a rien d'extraordinaire. La bravoure dans le danger, lorsque ce danger vous menace dans des moments d'exaltation, ou si l'on veut, de folie, est très commune. Lorsqu'un groupe d'hommes suit un certain courant d'idées et d'impressions, ce qui est rare, ce sont les défaillances. De nos jours

Les chrétiens qui contrevinrent
à la loi romaine furent frappés avec la loi.

en 1853, n'avons-nous pas vu une sorte de panthéiste apocalyptique, le Bâb, fanatiser de nombreux Persans? Les sup

Q. — La conduite des chrétiens n'était-elle pas faite pour porter les romains à la tolérance, à la bonté, à la clémence ?

R. — Pas le moins du monde. Les chrétiens se faisaient forts de leur association pour professer des sentiments de révolte contre les classes de la société autres que la leur. Ils pratiquaient un communisme qui était la négation même du foyer domestique si honoré à Rome. Leurs repas de corps ou agapes dégénérèrent vite en un honteux concubinage. En les voyant tourner toutes choses en ridicule, fronder les lois, mépriser tout ce qui rattache à la vie, les romains disaient d'eux qu'ils avaient le genre humain en horreur.

Les agapes des premiers chrétiens étaient des orgies.

plices qu'on infligea aux bâbistes furent bien pires que ceux qui avaient été infligés aux chrétiens. Après les avoir torturés, on leur mettait une mèche soufrée et allumée dans les plaies saignantes, et hommes, femmes, enfants, marchaient ainsi, bravement, en chantant, jusqu'au lieu où ils devaient mourir et où la poitrine du père était quelquefois le billot sur lequel on tranchait la tête du fils. Il n'y avait pas un renégat parmi eux.

En France, sans parler des guerres religieuses dans lesquelles l'exaltation est toujours plus grande que dans les périodes guerrières et révolutionnaires, n'a-t-on pas vu des milliers d'individus mourir toujours avec courage, tandis qu'on pourrait citer les exemples de défaillance et de lâcheté ?

Q. — C'est donc à tort qu'on nous présente comme un âge d'or pour les nouveaux sectaires les premiers temps du christianisme?

R. — Certainement. Dès les premiers temps du christianisme le peuple chrétien ne vaut pas mieux que le peuple des gentils. Les chrétiens ne croient même pas à l'immortalité de l'âme, car, comme le dit saint Clément d'Alexandrie : « ils la méconnaissent et l'outragent. Mangeons et buvons, disent-ils, car nous mourrons demain. » Tertullien (1) avoue que, de son temps, les chrétiens méritaient ce reproche des païens, d'être « en fait d'avarice, de débauche et d'improbité les plus méchants des hommes (2). »

Q. — Comment donc une religion si réprouvée put-elle s'étendre?

R. — En perdant, en tant que religion sociale, son caractère primitif.

Q. — De quelle façon?

R. — Si le christianisme était resté communiste, il se serait dissipé de la même façon que l'essénisme avait disparu. La religion chrétienne primitive ne pou-

----

(1) Quintus Septimius Florens Tertullianus, né à Carthage en 160, mort en 240. Dans son *Livre des prescriptions*, il déclare qu'on ne doit plus avoir de curiosité après les recherches de l'Évangile, *qu'on doit même faire profession de croire qu'il n'y a plus rien à croire*, axiome que l'Église a pieusement recueilli, bien qu'elle ait rejeté Tertullien qui, à la suite des Montanistes, faisait l'âme corporelle, réhabilitait la matière, la sanctifiait et en faisait le type de toute existence et de toute réalité.

(2) Saint Cyprien, évêque de Carthage, et Eusèbe, ont, pour les premiers chrétiens, des paroles plus écrasantes encore. Qu'on ne nous présente donc pas les premiers chrétiens comme des modèles de vertu et de pureté évangélique, puisque évangélique il y a.

vait, ainsi que la judaïque, s'adresser qu'à un nombre restreint de fidèles. Les prêtres chrétiens s'aperçurent bientôt qu'ils devaient ou périr ou s'accommoder de l'humanité, et ils choisirent ce dernier parti. Lorsque Constantin, couvert du sang de son frère, de son fils et de sa femme, jeta les yeux sur le monothéisme chrétien pour remplacer le polythéisme expirant, les

Les évêques offrent l'encens à Constantin souillé de tous les crimes.

successeurs des apôtres se hâtèrent de lui offrir l'encens et le titre d'évêque extérieur (1), et ils entrèrent dans l'État.

(1) Cependant, comme l'on avait divinisé Auguste, Constantin se faisait adorer comme César dans les derniers temples du paganisme. Il est bon d'ajouter qu'Auguste réunissait dans les mains des Césars le pouvoir spirituel et le temporel, qu'il était le chef de la religion, le grand pontife, et que si on l'adorait il n'y avait pas plus de mal qu'à placer aujourd'hui la

Q. — Que devint le christianisme à partir de Constantin?

R. — A dater de l'heure où elle s'allia au pouvoir civil et constitua une théocratie, l'Église, ainsi que le dit saint Jérôme (1) : « devint plus grande en puissance et en richesse, mais elle s'amoindrit en vertu. » Dès cette heure, embrasser le christianisme ne fut plus s'exposer aux châtiments et à la mort, ce fut acquérir les honneurs et les richesses. Alors on vit les fortunés et les puissants entrer dans le sanctuaire et les pauvres s'en retirer. Pour avoir les gens de rien, Constantin après s'en être expliqué au concile de Nicée, dut les acheter vingt pièces d'or et une robe blanche (2). Dès lors, on n'eut plus à enregistrer, selon la parole d'Eusèbe, que « l'hypocrisie indescriptible des chrétiens » ce qui d'ailleurs ne faisait que donner un caractère plus général à ce qu'on avait dit de la secte chrétienne, à Rome, dès ses commencements.

DU CHRISTIANISME. — LE NOUVEAU-TESTAMENT

Q. — Qu'est-ce que le Nouveau-Testament?

R. — L'ensemble des écrits sur lesque's repose la foi chrétienne, les Évangiles ou Nouvelle-Alliance.

tiare papale au-dessus de la croix, faire du pape l'objet d'un culte, le rendre le « cestuy Dieu en terre » selon l'excellente expression de Rabelais.

(1) Saint Jérôme, né vers 330, mort vers 420; il passa sa jeunesse dans l'étude, et se polit au contact des auteurs païens. Appelé à Rome en 362, par le pape Damase, il devint l'arbitre des questions de foi dans la chrétienté.

(2) Constantin en obtint par ce moyen douze mille en l'an 324. Plus tard, Louis XIV devait se souvenir de ces procédés et les appuyer auprès des protestants par des dragonnades.

Q. — Est-ce Jésus qui a écrit le Nouveau-Testament?

R. — Non. Jésus n'a jamais rien écrit (1).

Q. — Les évangiles ont-ils été écrits sous sa dictée?

R. — Non, Jésus ne dicta rien.

Q. — Ont-ils au moins été écrits de son vivant?

R. — Non, rien de ce que contient la Nouvelle-Alliance ne fut écrit de son vivant.

Q. — Jésus ne se servit-il donc que de la parole vivante?

R. — Oui, Jésus ne se servit que de la parole vivante, et il se sépara de ses apôtres en leur disant d'aller annoncer l'évangile à toutes les nations.

Q. — Les apôtres obéirent-ils?

R. — Non, ils n'obéirent pas tous, si cette parole est vraiment de Jésus, puisque, ainsi que nous le savons, les missions partirent d'Antioche et que le caractère universaliste du christianisme est dû à saint Paul, ce qui rend assez improbable le commandement de Jésus par rapport à l'évangile, auquel il ne devait guère songer; mais, sous peine de rencontrer beaucoup de pages blanches, il nous faut accepter pour la discuter l'histoire telle qu'on l'a faite et entrer dans l'erreur quand l'erreur s'est accréditée comme une vérité. Le certain est que, pendant près de deux siècles, la parole vivante fut le seul mode de transmission du christianisme, et c'est dans ce sens que saint Paul appelle la religion chrétienne une tradition.

Q. — N'écrivit-on donc ce qui forme le Nouveau-Testament que deux siècles après la mort de Jésus?

(1) Nous arrêtons sur ce point l'attention, car il y a encore aujourd'hui nombre de personnes qui croient que les Évangiles, s'ils n'ont pas été écrits par Jésus, ont au moins été écrits sous sa dictée.

3.

R. — Non. Quelques-uns des apôtres, pendant qu'ils accomplissaient leur mission, envoyèrent aux églises qu'ils avaient quittées, en Palestine, des exhortations, des épîtres pleines de conseils, tandis que d'autres écrivaient, très probablement déjà, des histoires de la vie de Jésus (1). Plus tard, la parole écrite, l'évangile de l'apôtre, s'allia à la tradition, et l'une et l'autre furent déclarées avoir une autorité décisive en matière de foi.

Q. — Comment se formèrent les évangiles?

R. — Les apôtres étant simples et illettrés, ne parlant que le dialecte propre à leur pays, durent avoir recours à des interprètes. Ce fut le cas de Pierre qui eut d'abord saint Marc et, après Marc, Glaucia. Saint Marc (2) écrivit son évangile d'après ce qu'il avait entendu dire à saint Pierre et il le fit sans ordre et dans le grec vulgaire qui était la langue du commerce de tout l'Orient et qu'on parlait partout à Rome (3). On ne sait dans quel lieu cet évangile fut écrit parce qu'on ignore ce que devint saint Pierre. On est sûr seu-

---

(1) On doit penser en effet que les apôtres ne furent pas les seuls à relater les événements qui venaient de se dérouler sous leurs yeux et qu'il dut se produire des narrations différentes de la vie du Christ qui ne furent point répandues dans la société, mais purent servir plus tard à d'autres narrateurs et disparurent ensuite.

C'est à la manière dont se forma le recueil des Évangiles et des Épîtres qu'on doit d'y voir introduits des éléments étrangers et apocryphes, tels que les épîtres de Paul à Timothée et à Tite.

(2) On a vu plus haut que Barnabé emmena saint Marc à Antioche et qu'ils partirent avec Paul.

(3) Papias, qui vivait vers l'an 163, à une époque rapprochée des apôtres, disait que l'évangile de Marc était écrit tel qu'il avait entendu Pierre raconter les actes du Sauveur.

lement que saint Pierre ne vint jamais à Rome (1). Paul, lui, vint à Rome et il y prit Tite pour interprète. Saint Luc écrivit son évangile à la suite de Paul, lorsque ce dernier voyageait en Achaïe et en Béotie, vers l'an 50, et il l'écrivit probablement aussi dans le grec vulgaire. Saint Matthieu, qui ne se résolut qu'avec peine à écrire son évangile en quittant les hébreux, le leur laissa pour suppléer à son absence. Il l'écrivit dans l'hébreu d'alors. L'évangile de Jean (2) ne fut pas écrit par apôtre, mais par des disciples, selon l'apparence dans le II° siècle, lorsqu'il fallut répondre aux gnostiques. Les évangiles ne sont donc que des histoires composées d'après des souvenirs, auxquelles on doit accorder une foi attentive mais non complète.

Q. — La tradition rituelle n'a-t-elle pas influencé la rédaction des livres sacrés?

R. — Oui, mais elle n'a jamais joui d'une autorité absolue comme la tradition dogmatique (3).

(1) Si Pierre fût venu à Rome, Marc y fût venu avec lui et non avec la mission partie d'Antioche. Aucune trace de la venue de Pierre à Rome ne se retrouve. On peut donc dire que la pierre sur laquelle repose la chronologie papale n'a jamais constitué une base sérieuse, non plus que l'abominable calembourg « tu es Pierre et sur cette pierre je bâtirai mon Église » sur lequel le christianisme romain s'est assis.

(2) L'évangile de Jean n'est pas de Jean, fils de Zébédée, mais d'un Jean appartenant à la deuxième ou troisième génération après l'apôtre et qu'on croit être d'Ephèse ou qui appartint à l'école d'Ephèse.

(3) L'Église accorde que la tradition rituelle peut être regardée comme sujette à erreur, et elle suspecte, par elle-même, plusieurs passages du Nouveau-Testament. On doit apporter un grand esprit d'examen dans la tradition écrite et dans la tradition non écrite qui ne jouirent d'une autorité incontestée que chez les seuls premiers chrétiens. Au IV° siècle, lors de la controverse arienne, les pères orthodoxes ne trouvant pas dans la

Q. — Quelles sont les opinions des pères de l'Église sur les livres saints?

R. — Saint Augustin, qui a exercé une influence si considérable sur la théologie de l'Église d'occident, examine la valeur de l'inspiration divine chez les écrivains sacrés dont il semble, dans certains endroits, admettre la passivité complète; mais ailleurs, il ne voit plus les évangélistes écrivant sous la dictée du Saint-Esprit, mais bien selon que la mémoire les sert, de sorte que l'intervention divine se borne à les préserver d'erreur. Cette dernière hypothèse qui est presque celle de la libre composition a des conséquences graves. En effet, si les livres sacrés ne sont que de vagues souvenirs des disciples de Jésus ou de leurs successeurs, et si le souffle divin laissé par Jésus, le Saint-Esprit, ne guide pas la plume des écrivains, on n'a plus sous les yeux qu'un document d'une importance contestable. Aussi ceux qui avancent l'opinion d'une libre composition, et saint Augustin le premier, se rétractent-ils. Théodore de Mopsueste (1) est le seul qui ose douter, sinon de l'inspiration qui présida à la rédaction des

simplicité primitive des règles de foi la solution des problèmes métaphysiques posés par les ariens, se rattachèrent de plus en plus à la tradition orale qui, plus élastique, se prêta à tout. On lui donna peu à peu la première place, et il se forma une exégèse traditionnelle que le chrétien doit accepter aujourd'hui, sous peine d'être hérétique. Ainsi, le Nouveau-Testament ne contient pas seulement des erreurs, mais il s'est trouvé modifié dans le sens qui a paru favorable pour mieux assurer l'existence de l'Église.

(1) Théodore de Mopsueste, auteur ecclésiastique, né à Antioche vers 350, mort en 429. Il étudia sous Libanius en compagnie de saint Jean Chrisostôme et fut élu évêque de Mopsueste, en Cilicie. Il s'éleva contre l'opinion de saint Augustin sur le péché originel et commenta les psaumes et les prophètes.

Écritures, au moins du caractère inspiré de quelques-uns des livres qu'elles renferment. Léonce de Byzance (1) qualifia cette opinion de Théodore d'incroyable audace, et le cinquième concile tenu en 553 anathématisa l'audacieux penseur. Cependant, la teneur des livres sacrés est telle que le fervent saint Augustin déclare qu'il n'y croirait pas si la tradition ne l'y obligeait, et que saint Chrysostôme (2) ne s'incline que devant la toute-puissance de cette tradition. C'est encore la tradition que les empereurs placent, dans leurs édits, à côté des Écritures.

Q. — A quelle époque la parole écrite commence-t-elle à circuler?

R. — Vers 150 à 200 il commença à exister des Bibles, et les Pères exhortent leurs adversaires à les lire. Irénée (3) nous apprend qu'il en existait dans les églises des copies dont on pouvait demander communication aux prêtres. Tertullien compte la lecture de la Bible au nombre des occupations d'une femme chrétienne, et Origène (4) repousse le reproche de

(1) Léonce de Byzance. On croit qu'il fut le continuateur anonyme de la *Chronographie* de Théophane.

(2) Saint Jean *Bouche-d'Or*, évêque de Constantinople, un de pères les plus grands de l'Église chrétienne, naquit en 347 et mourut en 407. Il ne fut pas plutôt évêque qu'il vécut dans une grande simplicité, vendant la garde-robe et les meubles des évêques ses prédécesseurs, et même les vases sacrés qu'il trouvait trop luxueux. Il supprima les diaconesses qui, d'abord instituées pour donner aux femmes le baptême par immersion, ne servaient plus qu'aux débauches des prêtres. M. Villemain a dit de lui : « Il est par excellence le grec devenu chrétien. »

(3) Irénée, évêque de Lyon, né vers 145; il reçut les leçons de Polycarpe et de Papias et succéda sur le siège de Lyon à Photin.

(4) Origène, né à Alexandrie en 186, mort en 253. Il suppléa saint Clément d'Alexandrie dans sa prédication et il attirait

Celse (1), qui se moquait du style vulgaire de la Bible, en lui répondant qu'elle est écrite dans le style familier afin d'être comprise des simples qui la lisent. La parole écrite exista donc de bonne heure, mais les manuscrits de la Bible devaient être rares encore à cette époque (2).

beaucoup de monde. Il professa la philosophie et les lettres profanes. Échappé aux rigueurs de Septime-Sévère, il fonda à Césarée une école d'éloquence. Il s'était nourri de la philosophie grecque et particulièrement de Platon. Ayant lu dans saint Matthieu ces paroles de Jésus : « Il y a des hommes qui se sont fait eunuques eux-mêmes en vue du royaume du ciel : que celui qui l'entend me comprenne; » il se mutila lui-même. C'est pour cela qu'ayant été ordonné prêtre, un concile convoqué à Alexandrie par Démétrius le déposa et l'excommunia. Et de ce cas il advint que, plus tard, le concile de Nicée édicta un canon spécial pour déclarer que l'intégrité sexuelle était nécessaire aux fonctions épiscopales. Origène, le premier, essaya de préciser la valeur scientifique du christianisme et voulut l'ériger en système, aussi saint Jérôme convient-il que c'est celui des pères de l'Église qui eut les vues les plus vastes. Ses doctrines étaient pourtant fortement entachées de paganisme. Il exposait la préexistence des âmes incarnées « les anges changés en âmes humaines, la résurrection de la chair s'effectuant de manière que les corps n'aient plus les mêmes membres, parce que, leurs fonctions cessant, ils seraient inutiles; la restitution finale, où toutes les âmes des païens, des juifs, des chrétiens acquièrent toutes la même condition et la même valeur ». Il a fait une exégèse de la Bible qui a été publiée par Huet

(1) Celse, philosophe épicurien du IIe siècle, fut le premier qui écrivit avec violence contre la religion chrétienne. Dans le *Discours véritable,* il tourne en ridicule l'Ancien et le Nouveau-Testament.

(2) A cette époque (IIe siècle, à la fin, et IIIe) on ne regardait encore comme véritablement saints que les livres juifs de l'Ancien-Testament, et il en existait des traductions en plusieurs langues. La Bible était alors interprétée et discutée différemment dans toutes les écoles, parmi lesquelles celle d'Alexandrie acquit une grande célébrité. Les Samaritains transportés en

Q. — S'occupa-t-on d'en multiplier les exemplaires?

R. — Oui, à partir du moment où le triomphe du christianisme fut assuré.

Q. — Tout le monde connut-il donc la Bible?

R. — Non, parce que l'ignorance était généralement trop grande (1).

Q. — Cette ignorance ne servit-elle pas les vues dominatrices de l'Église?

R. — Oui, car les pratiques de l'Église se trouvèrent,

Égypte par Ptolémée Lagus firent subir au judaïsme une transformation remarquable par l'interprétation allégorique. S'emparant de Pythagore et de Platon, Dieu devint la Sagesse et les Anges des Idées, le Verbe ou Logos ne fut plus que la Sagesse par excellence, l'instruction sans bornes, le pain de l'âme. Les corps se purifiaient par la sagesse et passaient en un autre corps pour arriver dans un séjour fortuné où ils jouissaient d'une félicité parfaite. C'est surtout par l'école d'Alexandrie que les théories gréco-platoniciennes sur l'âme pénétrèrent dans le christianisme.

(1) « L'Écriture Sainte ne fut pas répandue dans l'Église des premiers siècles autant qu'elle aurait pu l'être. Plusieurs causes s'y opposèrent : la paresse d'esprit croissant avec l'ignorance, la cherté des manuscrits, le respect pour la tradition, les méfiances du clergé, et l'opinion assez répandue que l'étude de l'Écriture Sainte n'était pas nécessaire au salut. On peut donc admettre que, de tout temps, la grande, la très grande majorité des chrétiens n'a pas reçu d'autre instruction religieuse que l'enseignement oral des prêtres. Certes, il n'a jamais manqué parmi eux, jusqu'au milieu des ténèbres du Moyen-Age, de pieux prédicateurs pour les exhorter à lire assidûment le Livre Saint. Chrysóstome, par exemple, ne cesse d'y inviter les fidèles de son église; il avait même la chose tant à cœur, qu'on l'endait affirmer, du haut de la chaire, que lire la Bible, fût-ce sans la comprendre, contribue à la sainteté. Mais ces efforts, de plus en plus isolés, échouèrent contre les progrès de la barbarie, de sorte que la Bible était devenue lettre close pour le peuple, bien avant que le clergé songeât à lui en interdire la lecture. »

à un moment donné, tellement en désaccord avec l'esprit de la Bible que la caste sacerdotale en prohiba la lecture. Lorsqu'en sortant des ténèbres du Moyen-Age on osa discuter, la Bible en main, malgré les censures ecclésiastiques et les bûchers, le christianisme romain assis sur le trône à côté duquel les empereurs l'avaient placé, le christianisme fut ébranlé (1). Il fallut prendre des mesures de préservation et on les prit contre le Christ et les apôtres. En 1229, le concile de Toulouse défendit aux laïques de posséder l'Ancien et le Nouveau Testament, et, en 1634, le concile de Taragone ordonna de brûler tous les exemplaires de la Bible qu'on trouverait (2).

Q. — Peut-on aujourd'hui avoir une Bible ?

R. — Oui, le texte latin sévèrement expurgé, la Vulgate, autorisée par le concile de Trente, ou sa traduction littérale (3), mais encore ne doit-on la posséder qu'avec l'assentiment de son directeur spirituel.

(1) Ce furent Érigène, Abailard, Roscelin, qui commencèrent ce beau mouvement de liberté d'examen qui devait aboutir à la Réforme. Il n'y avait rien d'étonnant à ce qu'on condamnât la Bible, elle était en désaccord avec les mœurs du clergé et la liturgie romaine. Avant la Réforme on croyait que la Bible n'avait jamais varié et beaucoup de fidèles le croient encore aujourd'hui. Savoir comment les textes s'étaient formés dépréciait leur valeur, les connaître c'était condamner la religion. On arrangea donc, autant que faire se put, les textes primitifs et on créa la *Vulgate* en mauvais latin. Aujourd'hui ceci est de peu d'importance. Ce qu'il est utile de ne pas oublier, c'est que ce fut en dehors de l'action de Jésus que se formèrent les livres saints, et que tout y est œuvre humaine, même pour ceux qui croient à la divinité du Christ.

(2) Pie VII s'éleva avec une grande violence contre les sociétés bibliques. Pie IX les a également condamnées.

(3) Ou, à défaut de traduction littérale, une traduction approuvée pour sa conformité avec les doctrines romaines.

Q. — Le Nouveau-Testament fut-il placé de bonne heure au nombre des écrits canoniques?

R. — Seulement vers le III° et le IV° siècles. Mais ce ne fut qu'en 1545 que le concile de Trente fixa définitivement le canon de la Bible, en expurgeant soigneusement les textes et en excluant la prière de Manassé, le II° et le III° livre d'Esdra, le III° et le IV° livre des Maccabées. Le concile attribua à la Vulgate une autorité sans opposition (1).

Il est défendu de lire la Bible sans la permission de son confesseur.

Q. — En somme, d'après l'opinion des Pères eux-mêmes, l'autorité des livres saints est fort contestable?

R. — Oui, et le contexte de ces livres est suffisamment contraire au christianisme (2) moderne pour

(1) Luther et Calvin n'admirent aussi la Bible qu'avec de notables restrictions. Le protestantisme a, de plus, éliminé les actes des papes et ceux des conciles postérieurs au IV° siècle.

(2) Nous entendons surtout le christianisme catholique, que nous visons spécialement dans ce livre, mais sans pour cela mettre la religion catholique au-dessous des autres, car en fait de religion, bien osé qui de notre temps en trouve une meilleure que l'autre.

qu'on défende autant que possible d'en prendre connaissance.

Q. — Le Nouveau-Testament est donc de peu de crédit ?

R. — On doit accorder aux livres chrétiens, au Nouveau-Testament, moins de créance encore qu'aux livres juifs, à l'Ancien-Testament. La valeur des Écritures est presque nulle historiquement et elle est toujours discutable en matière de foi (1).

DU CHRISTIANISME. — LES DOGMES

Q. — A quelle époque peut-on regarder la foi chrétienne primitive comme formée ?

R. — Vers le III° siècle.

Q. — Quelles sont au III° siècle, les idées attribuées à Jésus ?

R. — On admettait alors que Jésus avait annoncé la fin du monde, la résurrection des corps, le jugement du Fils de l'homme entouré de ses anges et la punition des méchants. Le symbole de la repentance du néophyte et de son admission dans la religion nouvelle, le baptême, est continué d'après la parole : « Celui qui croira et qui sera baptisé sera sauvé » (2).

(1) Renan ne paraît admettre l'originalité de Matthieu et de Marc qu'en les rapprochant de Luc. Il dit que les dernières pages des *Actes* sont les seules qui soient complètement historiques et il les suppose écrites vers l'an 80.

(2) Aujourd'hui on baptise d'abord, croit ensuite qui peut.

Regardez dans les bronzes du Louvre (445-446) Attis, le bel adolescent, couvert de la chlamyde, tenant en sa main le pedum recourbé des pasteurs ; il rend aussi la purification nécessaire à ceux qui veulent être initiés à son culte.

Démosthène, dans le *Discours sur la couronne*, nous fait le

et on considère la Cène comme le symbole de la fraternité et de la communauté religieuses.

Q. — Jésus est-il regardé comme fils réel de Dieu ?

R. — Oui, depuis que les apôtres ont établi sa dignité messianique sur le fait de sa résurrection (1).

Q. — Existe-t-il alors un canon orthodoxe du Nouveau-Testament ?

R. — Non, il n'existe encore aucun canon orthodoxe du Nouveau-Testament (2).

Q. — La foi est-elle une chez tous ?

R. — Non. Les Pères discutent sur le fond et la forme de la religion, et les Écoles introduisent des théories nouvelles. Cependant deux règles de foi sont alors formulées, l'une par Tertullien, l'autre par Origène.

Q. — Quel fut le résultat produit par les premières formules de la foi chrétienne ?

R. — De donner les premières formules de la valeur canonique du Nouveau-Testament.

Q. — Quel autre résultat eurent-elles encore ?

tableau d'un thiase de Sabazios dans l'Attique : « Tu les faisais se relever, après la purification, en leur disant de s'écrier : j'ai fui le mal, j'ai trouvé le mieux. »

(1) Le caveau dans lequel on déposa Jésus après l'avoir descendu de la croix était situé dans un jardin rapproché du lieu de l'exécution. Le propriétaire du jardin prit le corps et l'emporta ailleurs. Les femmes qui avaient accompagné Jésus et l'avaient enseveli, et les disciples, ne retrouvant plus le corps de leur maître crièrent qu'il était ressuscité. Un des dogmes fondamentaux du christianisme était trouvé.

Il est utile de se rappeler que, dans saint Matthieu, les soldats qui gardaient le corps du Christ avouent eux mêmes que le corps a été dérobé pendant leur sommeil.

(2) Le canon de l'Écriture Sainte n'est définitivement fixé que par le Concile de Trente.

R. — D'établir la valeur dogmatique des faits contenus dans les livres saints.

Q. — Les premiers dogmes ne furent-ils pas mis en discussion ?

R. — Si, tous les dogmes ont été discutés, mais les dogmes fondamentaux de la foi chrétienne, admis d'assez bonne heure, sont considérés comme n'ayant jamais fait l'objet d'un doute.

Q. — Quel nom donne-t-on généralement à ces dogmes ?

R. — Le nom de mystères.

Q. — Pourquoi ?

R. — Parce que, si le *dogme* est ce qu'on est obligé de croire sans que la vérité ait besoin d'en être établie, le nom de *mystère* ou chose impénétrable lui convient à la perfection (1).

Q. — Comment se formèrent les dogmes?

R. — Autrefois ainsi qu'aujourd'hui chacun interprétait la religion à sa façon, mais il existait officiellement de grandes Écoles qui, nées sous une l'influence locale, en Judée, en Syrie, à Alexandrie (2), en Asie

---

(1) Les théologiens de nos jours regardent les mystères comme une vérité incompréhensible fondée sur une révélation divine, mais saint Paul les regardait comme des vérités cachées jusque-là, qu'une révélation dévoilait. La révélation est la source unique de la connaissance de Dieu, s'accordent à dire saint Clément d'Alexandrie, Origène, saint Augustin et saint Hilaire de Poitiers.

(2) L'école d'Alexandrie est la plus célèbre de toutes. Philon et Potamus y préparèrent la voie à Plotin, Jamblique, Porphyre et Proclus. Quand l'édit de Justinien ferma les portes de l'école, elle fut s'établir à Athènes. Voici ce que Pierre Leroux en a écrit : « A la fois religieuse et philosophique, placée entre le monde païen et le monde chrétien, elle se rattache à l'un et à l'autre; elle procède de Platon et de Pythagore, tient

Mineure, en Phrygie, reconnaissaient Jésus, telles pour un Dieu, telles pour un prophète, telles simplement pour un homme de bien, et interprétaient diversement sa loi. Il en était autrement à Rome, où l'Église revêtait un caractère pratique et organisateur sous l'influence de l'administration romaine ; là, elle s'éloignait des doctrines juives et orientales et prétendait acquérir la suprématie. L'Église primitive, bien loin d'être un modèle d'ordre et de vertu, était plus troublée, plus divisée que l'Eglise protestante ne l'est de nos jours, et il ne pouvait en être autrement puisque la spéculation pouvait s'exercer en pleine liberté sur toute la matière dogmatique. Ce fut le Concile de Nicée qui commença à arrêter le développement dû à la libre-réflexion, et, comme l'esprit humain ne renonça pas facilement à ses droits d'examen pour aller s'enterrer dans la nuit du Moyen âge, il se produisit des luttes souvent sanglantes. Des hérésies nombreuses éclatèrent. Ce fut en les combattant que le christianisme se forma et que la religion romaine devint ce composé de maximes décrétées par les Conciles, les Synodes et les Papes et nommées *décrétales* ou *bulles* (1) qui contiennent ces préceptes déclarés absolument de foi et nécessaires au salut qui sont des *dogmes* (2).

aux gnostiques et aux chrétiens, essaye de résumer et de restaurer l'antiquité, et inonde en même temps, de son idéalisme et de ses opinions les plus mystiques, le Moyen âge chrétien tout entier. » Au fond, l'école essayait d'accomplir la fusion de toutes les religions et de toutes les philosophies.

(1) *Bulles,* décrets du pape destinés à faire loi. On les désigne par les premières lettres qu'on y lit, ainsi qu'on fait pour les encycliques : bulle *Unigenitus,* encyclique *Quanto conficiamur;* les *décrétales* sont les lettres portant décret, les consultations sur telle ou telle décision.

(2) L'Église est si bien l'œuvre du temps et des hommes que

Q. — Quels sont les dogmes les plus importants ?

R. — Les dogmes les plus importants sont ceux de la *Trinité*, de la *Création*, du *Péché originel*, de l'*Incarnation*, de la *Présence réelle* et de l'*Immortalité de l'âme*.

Q. — Qu'est-ce que le dogme de la Trinité ?

R. — La croyance en trois personnes n'en formant qu'une seule.

Q. — Comment s'est formée cette croyance ?

R. — Il fut tout d'abord établi que Jésus, ainsi qu'il l'avait dit lui-même sur la fin de sa carrière messianique, était le fils de Dieu. Mais en raisonnant sur ce genre de divinité, on en arriva à se demander comment on pouvait être fils de Dieu. Dieu n'avait pu engendrer son fils que de sa substance, or, cette substance étant éternelle, Jésus était donc éternel, il était né en même temps que son Père, ils existaient tous deux en un de toute éternité. Une hérésie célèbre, l'arianisme (1), s'éleva contre cette théorie et soutint

tous les jours elle ajoute quelque chose à son édifice, comme, par exemple, l'Immaculée conception et l'Infaillibilité du pape.

(1) Arianisme; c'est l'hérésie la plus importante que le christianisme ait eu à combattre Elle tire son nom d'Arius qui s'éleva contre ce que l'Église catholique oblige à croire : qu'il y a en Dieu unité de substance et trinité de personne.

Arius, dans *Thalie,* soutient que Dieu n'a pas toujours été père, que le fils a été tiré du néant pour être incarné. Dans le sens absolu, Arius niait donc la divinité du Christ; et il n'y avait que le Père d'éternel, invariable, inengendré, le Père qui n'était plus un être composé, divisible, muable.

L'arianisme date de l'an 318, après la victoire de Constantin sur Licinius. Arius, presbytre d'une des églises d'Alexandrie, convertit beaucoup de monde à sa doctrine, si bien que Constantin, voyant menacée l'unité religieuse qu'il rêvait et qui l'avait fait se convertir, crut devoir intervenir. Voltaire dit de et empereur, dans ce cas : « C'était un scélérat, je l'avoue, un

c

avec quelque semblant de raison, que le Fils n'est pas de la même substance que le Père, qu'il a été créé de rien, et qu'une substance engendrée ne saurait devenir inengendrée. L'Église fit triompher le Symbole de Nicée. Elle établit le dogme de la *consubstantiation*, par lequel Jésus est regardé comme étant de la même essence et de la même éternité que son Père. Quant à la troisième personne, au Saint-Esprit, on mit du temps à fixer ses qualités. Les apôtres ne l'avaient considéré que comme un souffle, une effluve, une inspiration, laissée par Jésus dans leur propre esprit (1). Jean expose que le Fils de Dieu, en retournant près de son Père, laisse, pour continuer son œuvre, son Esprit, ou Paraclet, qu'il représente tantôt comme une personne distincte, tantôt comme une simple force, mais toujours subordonnée au Père et au Fils, et il attribue au Saint-Esprit l'inspiration des évangiles. Le Concile de Nicée s'en occupa peu. Mais le deuxième œcuménique déclara que le Saint-Esprit procédait du Père, et que, sans lui donner le nom de Dieu qui lui fut attribué pour la première fois dans le symbole d'Athanase, il était digne de

parricide qui avait étouffé sa femme dans un bain, égorgé son fils, assassiné son beau-père, son beau frère et son neveu, je ne le nie pas. Mais il avait du bon sens. » Les prières de Constantin ayant été inefficaces, on réunit le premier concile *œcuménique* (universel) à Nicée, en 325. Trois cent dix-huit évêques condamnèrent l'arianisme. Constantin ordonna de détruire tous les livres d'Arius et de tuer ceux qui en conserveraient. L'arianisme ne fut pas détruit pour cela. Il resta dans l'Église d'Orient, tandis que la doctrine nicéenne s'établissait dans l'Église d'Occident.

(1) Le Saint-Esprit n'avait guère donné le don des langues aux apôtres, ainsi qu'on le peut voir aux chapitres *des apôtres* et *de la formation du nouveau-testament;* il ne les inspira pas plus qu'il ne les fit parler.

la même adoration que le Père et le Fils. Ce fut d'après Jean qu'on forma le dogme de la Sainte-Trinité, lorsque les gnostiques prétendirent posséder la *gnose* ou dernière raison des choses (1). Enfin, en 589, le Synode de Tolède sanctionna le symbole d'Athanase, qui fait procéder les unes des autres les trois personnes de la Sainte-Trinité et les fait Dieu toutes trois. Cette doctrine fut définitivement admise à Rome, par Nicolas Ier, en 860.

Q. — Quel est le deuxième dogme?

R. — Celui de la *Création*, selon la donnée des jours pendant lesquels Dieu créa le Ciel, la Terre, les éléments, les animaux et l'homme.

Q. — Quel est le troisième dogme?

R. — Le troisième dogme est celui de la chute de l'homme ou du *péché originel*. L'homme ayant désobéi à Dieu, dans le Paradis terrestre, en goûtant à l'arbre de la science du Bien et du Mal, en est chassé et est condamné à gagner sa nourriture à la sueur de son front.

Q. — Quel est le quatrième dogme?

(1) Les gnostiques étaient ceux qui possédaient la *gnose*, vérité, philosophie du christianisme, connue par un fort petit nombre d'élus. Les gnostiques prirent naissance dans les écoles philosophiques; ils avaient fait de la liberté de penser le fond de leurs doctrines, et le gnostique ayant la liberté de penser ce qu'il voulait, devait nécessairement succomber devant le nombre des chrétiens soumis à la pensée commune.

D'après la gnose, Dieu est surnaturel et invisible, il se manifeste par des émanations; ces émanations sont des génies; un de ces génies ou éons, a créé la Terre et l'Homme. Les génies du mal se sont introduits dans la création. Simon le Mage et ses sectateurs disaient que Dieu s'était fait représenter auprès des gentils par l'esprit ou le génie intellectuel, et auprès des juifs par Jésus. Les sectes des gnostiques furent très nombreuses.

R. — Le quatrième dogme est celui de l'*Incarnation* d'après lequel le Fils de Dieu s'est fait homme dans le sein d'une Vierge (1).

Marie et ses enfants.

Q. — Quel est le cinquième dogme ?

R. — Le dogme de la *Rédemption* d'après lequel Jésus-Christ est mort pour racheter tous les hommes de l'état de malédiction où les avait plongés le *péché originel* (2).

(1) Il est censé n'avoir jamais fait doute que Jésus fût né d'une vierge, et comme il était patent que Marie avait eu plusieurs enfants, ceux qui consentaient à ne pas le nier disaient que Jésus était le premier-né.

(2) Nous ne donnons pas l'historique de tous ces dogmes, qui, le premier étant admis, découlent logiquement les uns des autres. Il faut lire, pour se rendre compte des débats qu'ils ont soulevés, le *Recueil des Conciles,* de Mansi, en entier. En ce qui concerne la rédemption, rappelons, en passant, que Bacchus aussi était le dieu rédempteur et libérateur. Orphée lui dit : Tu délivreras les hommes de leurs durs labeurs et de leur immense misère.

Q. — Quel est le sixième dogme ?

R. — Le dogme de. la *Présence réelle* ou transsubstantiation du sang et du corps de Jésus dans l'Eucharistie.

Q. — Comment ce dogme s'est-il formé ?

R. — De très bonne heure les chrétiens avaient considéré la Cène comme un sacrifice d'actions de grâces (1) et ils prenaient le pain et le vin en souvenir du Christ. A la suite de controverses sur la nature de la personne du Christ, la doctrine d'un sacrifice d'expiation offert par le prêtre, à l'instar des juifs, se précisa, et, en 787 le septième concile œcuménique tenu à Nicée, proclama que le pain et le vin, après la consécration, ne sont plus des figures, mais véritablement le corps et le sang du Christ (2). C'est ainsi que le pain et le vin se trouvèrent *transsubstantiés*, c'est-à-dire changés en la substance véritable du corps et du sang du Christ.

Q. — Quel est le dernier des dogmes que vous avez signalés comme étant les plus importants ?

R. — Le dogme qui concerne la vie future, celui de *l'immortalité de l'âme.*

Q. — N'a-t-on pas toujours cru à une âme immortelle ?

R. — Non. Jésus ne s'intéressa pas à l'immortalité de l'âme, non plus que les premiers chrétiens, ni trop à l'âme elle-même. Jean et Paul enseignent bien la prédestination de l'âme, mais en la liant au corps, c'est-à-dire que l'âme doit ressusciter en même temps que la chair ; ils disent que ceux qui doivent participer

---

(1) Eucharistie, action de grâce. Rompre le pain et l'offrir est l'habitude du chef de la maison chez les juifs.

(2) Ne pas confondre, comme cela arrive fréquemment, le dogme de la *consubstantiation* avec celui de la *transsubstantiation.*

à la vie éternelle sont choisis de toute éternité par le Père. C'est la *théorie de l'élection* de Paul, et il y ajoute celle de la *vocation* par laquelle les élus sont infailliblement conduits au salut. Saint Augustin partage entièrement cette manière de voir.

Q. — De sorte que l'homme n'a pas à s'occuper de son salut, qu'il est toujours sauvé s'il doit l'être ?

R. — C'est la conséquence de la théorie chrétienne pure, aussi l'a-t-on changée.

Q. — Comment cela ?

R. — Quand furent arrivées les époques de discussion, quand la Réforme eut enlevé à l'Église romaine une partie de la chrétienté, on comprit tout ce qu'avait de dangereux pour le chrétien cette théorie qui conduisait directement les hommes à ne plus s'occuper de leur salut, puisqu'ils ne pouvaient éviter d'être sauvés s'ils devaient l'être, et que, eussent-ils mené la vie la plus exemplaire, ils ne pouvaient être élus, s'ils n'étaient, de toute éternité, marqués du sceau de Dieu. Les jésuites se chargèrent d'accommoder les doctrines de l'Église à la logique des hommes, et ils émirent de nouvelles théories sur la *grâce*, qui suscitèrent de mémorables querelles (1). Ils finirent cependant par triompher, et il fut établi qu'il y avait deux sortes de grâce : la *grâce efficace*, ou vocation, qui mène droit celui qui en jouit jusqu'au ciel, sans que rien de volontaire ou d'involontaire puisse le détourner de sa voie, et la *grâce suffisante*, que tout le monde est censé posséder et qui permet de faire son salut si l'on vit selon les préceptes de l'Église. Cette fois-là, les jésuites, en rendant à chacun un peu de son libre-arbitre, se trou-

(1) Il est indispensable d'avoir lu et relu les *Provinciales* de Pascal.

vèrent d'accord avec la raison humaine. Ils sauvèrent, par ce moyen, l'Église pour un temps, mais le christianisme, le christianisme de Jésus, des apôtres et des pères, s'il n'était pas mort déjà, disparut alors tout à fait.

Q. — N'y a-t-il point d'autres dogmes très importants ?

R. — Si, deux dogmes qui ont été promulgués récemment.

Q. — Quels sont ces deux dogmes ?

R. — Celui de l'*Immaculée-Conception* et celui de l'*Infaillibilité du pape.*

Q. — De qui ces dogmes sont-ils l'œuvre ?

R. — Des jésuites (1) qui depuis un siècle se sont

(1) La compagnie de Jésus doit sa fondation à Ignace de Loyola. Ignace était soldat; ayant eu la jambe cassée au siège de Pampelune, il s'enthousiasma, pendant sa maladie, de la lecture de la vie des saints, et il guérit visionnaire et dévot. Il lui vint alors à la pensée de former « l'armée du Christ. » Il partit pour Paris où il se lia avec Pierre Lefèvre, Antoine Rodriguez, François-Xavier, Alphonse Salmeron, Nicolas Babadilla, Jacques Lainez, qui, tous, se réunirent le 15 août 1534, dans une chapelle souterraine de l'église de Montmartre et firent vœu de pauvreté et de charité. En 1536, Ignace présenta au pape Paul III les statuts de l'ordre qu'il voulait fonder, et la bulle *Regimini militantis ecclesiæ* consacra pour ainsi dire légalement l'existence de la *Compagnie de Jésus*, d'où ceux qui en firent partie tirèrent leur nom de jésuites. Le but proposé était d'obéir au pape et de fournir une milice au souverain pontife.

Les jésuites sont divisés en cinq classes : 1° les coadjuteurs temporels (frères savants, laïques affiliés, ceux que l'on nomme dans le public « jésuites de robe courte », quoique quelques-uns de ces derniers appartiennent à l'ordre par des vœux, notamment par le vœu d'obéissance); 2° les novices, qui sont recrutés avec soin dans la jeunesse intelligente; 3° les scholastiques, qui font des vœux secrets et aident la compagnie dans son œuvre; 4° les coadjuteurs spirituels, qui font des vœux publics et aident

complètement rendus maîtres du christianisme catholique.

Q. — Qu'est-ce que le dogme de l'*Immaculée-Conception*?

R. — La croyance que Anne, mère de Marie, conçut

les profès; 5° les profès, qui sont les vrais jésuites, l'élite de la compagnie. Ces derniers ont passé par un long noviciat; ils sont choisis avec soin. Outre le vœu de pauvreté, de charité et d'obéissance, ils ont fait vœu d'obéir au pape et d'accepter aveuglément toutes les missions.

La compagnie place à sa tête un général qui demeure à Rome et est élu à vie. Dans ses mains, chaque membre est, selon la règle de Loyola, « comme s'il était un cadavre ou un bâton dans la main d'un vieillard ».

D'après les privilèges accordés par Jules III, les jésuites ne relèvent absolument que du pape. Ils possèdent donc la toute-puissance s'ils possèdent le pape. Ils tendent continuellement à s'immiscer dans la politique des États. Leurs doctrines sont telles qu'un arrêt de 1761 les déclara abominables, meurtrières, et ordonna que les livres des jésuites fussent brûlés et leurs écoles fermées. En 1762, le Parlement de France ordonna la destruction de la société; et, en 1764, il ajouta que les jésuites qui voudraient rester en France abjureraient leur institution, et, la même année, un arrêt déclara que la fameuse société était dissoute.

Les jésuites, qui n'ont d'existence légale nulle part, ont été chassés de presque tous les États. De Hollande (1598), de Bohême (1618), de Moravie (1619), de Malte (1643), de Russie (1723), de Portugal (1759), d'Espagne (1767), de Sicile et de Naples (1769), de Parme (1786).

A l'instance des puissances, le pape Clément XIV publia, le 21 juillet 1773, une bulle qui prononça la suppression complète de la compagnie de Jésus qui comptait alors 22,589 membres.

Pie VII annula, en 1814, la bulle de Clément XIV; il rétablit la société sous le nom de Congrégation du Sacré-Cœur, par la bulle *Sollicitudo omnium ecclesiarum*. Depuis ce temps, la compagnie s'est fort étendue, et on peut dire aujourd'hui qu'il n'y a pas un prêtre qui en soit indépendant et que, depuis le pape jusqu'au dernier séminariste, toute l'Église est dans leurs

sa fille sans péché (1). Par le dogme de l'Immaculée-Conception de la Vierge, il est entendu que la mère du Christ a été conçue sans tache originelle. Ce dogme a été proclamé, *malgré l'opinion très contraire des pères les plus illustres de l'Église*, par le pape Pie IX, en 1854, dans une réunion d'évêques tenue à Rome (2).

Q. — Qu'est-ce que le dogme de l'*Infaillibilité*?

R. — Le dogme de l'*Infaillibilité* établit que ce que le pape proclame *ex-cathedrà*, du haut de la chaire, c'est-à-dire tout ce qui a la valeur d'une parole officielle, d'un document émané du pape, *est une vérité absolue* à laquelle on doit attacher l'importance d'un article de foi et qu'on doit croire et obéir sous peine de damnation.

Q. — Quelle est l'importance de ce dogme?

R. — Ce dogme, proclamé en 1870 dans le concile œcuménique tenu à Rome, a une portée très considé-

mains. Les jésuites n'ont pas d'existence légale en France; leurs maisons ont été définitivement fermées en 1880, mais ils subsistent avec une force égale sur le territoire français et leur action par le clergé séculier et les congrégations se fait de plus en plus sentir.

(1) Ainsi le privilège accordé à Jésus seul s'est étendu à sa mère. On a été tenté aussi de proclamer l'Immaculée-Conception de la mère de Marie, sainte Anne. Dans cette voie, l'Église eût eu beau jeu à remonter jusqu'à Ève et à soutenir quand même le péché originel.

L'Immaculée-Conception! qu'il nous souvienne d'Isis, sœur d'Astarté et de Cybèle, coiffée du pschent, la main gauche tenant une corne d'abondance, la droite appuyée sur un gouvernail. Isis marine et Isis terrestre, promenée en grande pompe par les Égyptiens, s'arrêtant aux reposoirs, mythe du polythéisme sémitique, et aujourd'hui... Immaculée-Conception.

(2) Le canon de ce dogme non plus que le canon du dogme de l'Infaillibilité ne sont encore fixés, les événements de la guerre franco-prussienne ayant écourté le concile du Vatican, qui devait s'en occuper.

rable, surtout dans le domaine de la politique. C'est, certainement, après les dogmes de la *Trinité* et de la

L'Infaillibilité a mis le pouvoir du pape au-dessus de ses dieux, de son clergé, des rois et des empereurs.

transsubstantiation, le plus important de la religion chrétienne-catholique. Il met la parole du pape, et, en conséquence, le pape lui-même au-dessus de tout, il supprime les Conciles (1), et ferme la bouche à toute

(1) Et les conciles où tous les évêques avaient un siège consti-

tentative de révolte. Par le dogme de l'Infaillibilité le pape a constitué légalement le pouvoir qu'il a voulu exercer en fait sur l'Église universelle, les royautés et les républiques pendant tout le Moyen-Age. C'est un pouvoir absolu établi dans le domaine de la conscience, établi en matière de foi; et comme la foi guide l'action, c'est le pouvoir le plus exorbitant qui ait jamais été institué au monde et, il est, par cela même, impossible de le subir.

Q. — Jusqu'où vont les conséquences de ce dogme ?

R. — Les conséquences du dogme de l'*Infaillibilité* sont de faire entrer dans le domaine dogmatique toutes les paroles orales ou écrites, prononcées officiellement par les papes; de cette façon, des doctrines comme celles du *Syllabus*, des croyances comme celles du Sacré Cœur de Jésus ou de Marie, entrent dans le domaine de la foi (1).

tuaient (jusqu'à ce que la discipline de Rome ait fait des évêques de purs instruments) par la discussion, par la pression que pouvaient exercer sur ces décisions les pouvoirs laïques, une certaine garantie pour l'ordre social religieux, garantie qui n'existe plus.

(1) L'Église réclame l'obéissance, on doit obéir surtout et par dessus tout au pape infaillible. C'est aux papes que Jésus a remis les clefs du royaume des cieux, et comme l'écrit Bossuet : « Tout est soumis à ces clefs, tout, rois et peuples, pasteurs et troupeaux. » Le pouvoir du pape? « Il est de fait et de droit sur les fidèles. » En se mettant en rebellion contre le pape, on échouerait aussi ridiculement que Bossuet et tous les gallicans qui ont suivi la déclaration de 1682, et le temps donnerait toujours gain de cause (comme aux universités de Douai et de Louvain, qui contre les déclarations du clergé de France s'étaient prononcées pour l'Infaillibilité) à l'Infaillibilité. De raison, il n'y en a pas. La raison ne regarde que le diable dont elle est l'invention abominable. Dieu dit : Je suis parce que je suis. Le pape est infaillible parce qu'il est infaillible.

Q. — La religion chrétienne ne se trouve-t-elle pas entraînée, par ces excès, à sa perdition ?

R. — Oui. La religion chrétienne s'est formée peu à peu, elle qui est représentée comme la toute divine, par les disputes des hommes. Elle devait dominer le monde, et la société hébraïque la méprisa, elle ne fit aucun progrès en Asie, et Mahomet lui enleva une partie de l'Europe, de l'Afrique, le pays même où elle avait pris naissance. Cette religion si fière, si autoritaire, si universelle, s'est elle-même divisée en trois branches : la Grecque, née, à la fin du IXᵉ siècle, de rivalités naturelles entre les deux pouvoirs de Rome et de Constantinople ; la Protestante, née au XVIᵉ siècle des abus de la cour de Rome, et appuyée sur des principes de liberté et de tolérance ; enfin la Catholique qui a pu maintenir une autorité au moins nominale sur différents pays de l'ancien et du nouveau continent, mais qui en arrive au point où elle trouva elle-même le polythéisme romain. Comme le paganisme en arrivait à substituer divinités à divinités, de même le catholicisme fait apparaître à tout moment un culte nouveau destiné à remplacer celui qui s'en va, l'Immaculée-Conception succède à la Croix, le Sacré-Cœur à l'Immaculée-Conception (1). Le christianisme catholique n'est plus qu'un vaste polythéisme anthropomorphiste, où les saints succèdent aux saints, les dieux aux dieux, les croyances aux croyances. Le culte se multiplie et se disperse de tous côtés, ébranlé, affolé, colère, avant que de s'anéantir tout à fait.

(1) Nous ne parlons point des miracles, du surnaturel, dernières ressources des religions agonisantes et dont on usa autant à Rome dans le temps, qu'en France au XIXᵉ siècle. Sous ce rapport, Jupiter pourrait presque rendre des points à Jéhovah, et Cybèle à la Vierge.

4.

DU CHRISTIANISME. — LE SACERDOCE

Q. — De quelle façon vécurent les apôtres?

R. — Les apôtres eussent pu vivre largement de ce qu'on leur donnait et ils pouvaient demander au nom de l'Évangile, mais ils n'usaient pas de cette faculté « de peur » dit saint Paul *« que ce ne fut à quelqu'un occasion de scandale si on recherchait une récompense temporelle. »* Les apôtres se faisaient humbles au milieu des fidèles, *ils travaillaient afin de n'être à charge à personne* et pour donner l'exemple d'éviter l'avarice, l'oisiveté et l'inquiétude. À l'exemple des grands rabbins (1) qui tous avaient quelque métier, comme charbonnier, potier, etc., saint Paul faisait des tentes à l'usage des gens de guerre et il donnait comme règle que *quiconque ne sait pas travailler ne doit pas manger.*

Il fut un temps où les évêques travaillaient pour se nourrir, enx et leur famille.

Q. — Les apôtres avaient-ils des femmes?

(1) C'est rabbi que nous devrions écrire. Les prescriptions des livres rabbiniques (le Thalmud) étaient que tous les juifs, les *beni-Israël*, eussent un métier.

R. — Oui, les apôtres avaient pris des femmes, excepté saint Paul qui vivait en l'état de chasteté pour être plus entier à sa mission. « Je pourrais » disait-il « mener avec moi une femme d'entre nos sœurs, comme le font les autres apôtres, et les parents du Christ, et Pierre lui-même » (1), mais il n'en prenait point.

Q. — Y avait-il un supérieur parmi les apôtres?

R. — Non, ils étaient tous égaux. Origène s'élève contre les évêques qui refusent de reconnaître pour leurs égaux même les meilleurs disciples du Christ. Si l'Église a assigné une suprématie à Pierre, c'est plus tard et uniquement pour les besoins de la cause papale (2). S'il y avait eu un supérieur parmi les apôtres, ce n'eut pu être que saint Paul qui était de beaucoup le plus intelligent. Saint Pierre était si peu le supérieur de Paul que celui-ci lui reprocha vertement d'avoir quitté les gentils.

Q. — Quels furent les successeurs des apôtres?

R. — Les disciples qu'ils avaient pris avec eux, qu'ils avaient catéchisés, et les diacres.

Q. — Quelle fut la cause de l'institution des diacres?

R. — La communauté des biens dans laquelle vivaient les premiers chrétiens.

Q. — Comment institua-t-on les diacres?

R. — Comme on était venu se plaindre aux apôtres que les veuves étaient méprisées et frustrées dans la distribution des vivres aux tables, ceux-ci assemblèrent les fidèles et leur dirent de choisir sept

(1) Pierre et Philippe avaient des fils et des filles.

(2) Pour cela aussi, contrairement à la vérité, on fait venir saint Pierre à Rome.

hommes de bonne volonté et de bonne réputation ; ces élus eurent soin des pauvres, remirent ce qui était nécessaire à chacun d'eux, et bientôt le nombre des diacres devint considérable.

Q. — Les diacres étaient donc choisis à l'élection ?

R. — Oui, et le vote universel fut longtemps pratiqué par les fidèles, dans l'exercice du culte comme dans les conciles (1).

Q. — Les prêtres sont-ils les successeurs des diacres ?

R. — Oui, les prêtres (2) sont les successeurs des diacres.

Q. — Les diacres avaient-ils la parole de Dieu, c'est-à-dire pouvaient-ils s'arroger le droit de parler au nom de Dieu ou au nom de l'Église ?

R. — Non, en principe. Les diacres servaient à la table sacrée et rien de plus. On leur permit seulement de prêcher la Bible à l'occasion et quand ils en étaient instruits, mais les apôtres et leurs successeurs, c'est-à-dire les évêques, avaient seuls la parole de Dieu et le droit de faire la fraction du pain.

Q. — Comment donc les prêtres en vinrent-ils à avoir la parole de Dieu et la communion ?

---

(1) Selon la primitive Église, il n'y a de vrais prêtres que ceux qui sont élus, comme il n'y a de vrais conciles que ceux où les fidèles ont voix délibérative. Au nom de la religion même, la société civile peut rejeter tout ce qui ne se présente point dans ces conditions. Dans le mouvement dit des Vieux-Catholiques on a remis ces principes en honneur.

(2) Un évêque est un prêtre, mais pour la commodité de l'argumentation, nous désignons ici, par ce mot, le bas clergé, les curés, les vicaires, ceux qui étaient auparavant les presbytres, chefs laïques de la communauté laïque.

R. — Lorsque le nombre des fidèles s'accrut, il fallut instituer la prêtrise et donner aux prêtres le pouvoir de prêcher et de faire la Cène, soit, plus tard, de dire la messe.

Q. — Les diacres et les premiers prêtres se mariaient-ils ?

R. — Parfaitement. Ce n'est que dans le XII° siècle que, par raison de discipline, les prêtres finirent par ne plus se marier (1).

Q. — Quel loi saint Paul fait-il aux évêques et, par suite, aux prêtres ?

R. — Saint Paul dit : « Il faut que l'évêque soit sans reproche, mari d'une seule femme, sobre, prudent, grave, hospitalier, point querelleur, point ivrogne, ni avare, ni prompt à frapper, mais modeste, réglé et propre à enseigner. »

Q. — Que recommande-t-il aux fidèles par rapport aux prêtres ?

R. — Il leur dit : « *Vous reprendrez les mauvais docteurs qui s'écartent de la foi, de la pureté de conscience*, qui s'occupent de vaines disputes, de combats de paroles, des mots nouveaux, de contes de vieille, qui assurent ce qu'ils n'entendent point, qui sont ignorants, superbes et intéressés, *et qui regardent la religion comme un moyen de s'enrichir.* » Et il ajoute : « Prenez garde aux chiens, *aux mauvais ouvriers...* Il y

(1) C'est à Grégoire VII que revient l'initiative de ce grand mouvement qui, en vouant les prêtres au célibat, les attacha uniquement à la chose commune de la religion ; et c'est à partir de ce jour que l'on peut appliquer à l'Église ces paroles de Voltaire : « L'Église romaine l'a emporté en débauches obscènes, parce que, pour mieux gouverner les hommes, elle s'est interdit le mariage. »

en a plusieurs comme je vous l'ai dit et vous le dis encore qui sont les ennemis de la Croix de Jésus-Christ, dont la fin est la perdition, *dont le Dieu est leur ventre*, qui font gloire de leur confession, *qui n'ont que des pensées terrestres...* Méfiez-vous des docteurs qui, par leurs discours trompeurs, *trafiquent des âmes pour contenter leur avarice*, qui *mettent leur bonheur dans la volupté passagère, dans les festins et les délices, et qui sont pleins de désirs immondes.* »

DU CHRISTIANISME. — LE GOUVERNEMENT DE L'ÉGLISE

Q. — Quel est le Gouvernement de l'Église?

R. — « Le Gouvernement de l'Église » dit le théologien Boyer (1) « est une monarchie mêlée d'aristocratie. La monarchie dans toute sa plénitude, on la trouve dans le Souverain Pontife, vicaire de Jésus-Christ sur la Terre. Cette monarchie est tempérée par l'aristocratie. L'élément aristocratique qui s'y mêle, on le trouve : 1° Dans chaque Évêque en particulier; 2° dans les assemblées d'Evèques appelées *conciles*. Les Evèques, selon l'ordre et l'institution divine sont associés avec le Souverain Pontife au Gouvernement de l'Eglise; ils sont membres de la Souveraineté et investis de droits réguliers dans leur territoire, appelé *diocèse*. Toutefois, ils y administrent non comme des égaux, mais comme des sujets du Pape, leur monarque, soumis à ses lois et exécuteurs de ses décrets. J'en crois

(1) Boyer, théologien français, né en 1766, mort en 1842, réorganisateur de Saint-Sulpice et successeur de l'abbé Frayssinous dans sa chaire de théologie dogmatique.

voir une image très ressemblante dans l'empire d'Allemagne, où l'Empereur commandait à des Souverains, ayant chacun leur Etat et leur territoire. Les prêtres et les curés, sans participer au Gouvernement général de l'Église, comme membres de la monarchie, font partie de sa Constitution ; comme administrateurs, ils sont dans l'Église ce que l'administration est dans la société politique ; car dans toute Société, ces deux choses sont distinguées et séparées par une barrière insurmontable, le gouvernement et l'administration. Les préfets, les magistrats, les juges, ne sont ni législateurs, ni souverains, ni membres de la souveraineté. Et voilà le rang élevé où sont placés les prêtres ; par la constitution divine de l'Église, ils sont magistrats, juges, administrateurs. »

Q. — L'Église n'est donc pas autre chose qu'un gouvernement monarchique ?

R. — Oui, Bossuet l'affirme, et le cardinal Bellarmin (1) est d'accord avec le théologien Boyer (2).

Q. — L'Église est donc contraire à tout autre état laïque que la royauté dite de droit divin qui est une sorte de délégation à son image et dont le principe même lui donne, à elle Église, l'autorité suprême ?

R. — Oui, l'organisation de l'Église la lie à la royauté

(1) Bellarmin, cardinal italien, né en 1542, mort en 1621 ; jésuite. Il fut ordonné prêtre par Corneille Jansénius, évêque de Gand, en 1570. Deux fois il fut question de l'élire pape, mais il échoua, la première fois contre Alexandre de Médicis, et la seconde contre Camille Borghèse.

(2) L'Église a constitué le Ciel à son image, et il est tout aussi aristocratique que la Terre, avec ses séraphins, ses chérubins, ses trônes, ses principautés, ses dominations, archanges et anges chargés de commandements et de la garde des rois, des princes, des grands de ce monde, tandis que les petits anges sont pour le menu peuple.

et l'a fait l'ennemie de toute liberté et de toute République (1).

(1) La politique de l'Église est la tyrannie. « L'Église de
Jésus-Christ, dit Bossuet, voyageant comme une étrangère
parmi tous les peuples du monde, elle n'a point de lois particulières touchant la société civile. » Les individus qui n'ont soif
que de la fin du monde ne paraissent pas faits pour entrer en
affaire avec les États. Cependant l'Église ne tolère aucune liberté.
Elle s'associe aux princes et les protège. Les catéchismes disent :
« Les peuples doivent aux rois et aux souverains honneur, fidélité, amour, sujétion, tributs et subsides, respect et prières. »
L'Église partage donc avec les rois leur histoire, et, comme l'a
dit le conventionnel abbé Grégoire : « L'histoire des rois est le
martyrologe des Nations. » La doctrine du roi est celle de l'É-
glise, que l'historien Salluste définit ainsi : « Être roi, c'est faire
ce qui plaît. » Obéir aux princes, aux maîtres, aux riches, aux
princes dont Machiavel dit « que la mauvaise foi, la ruse, la
perfidie sont des qualités indispensables, » voilà ce que commande l'Église, à moins que les princes ne lui soient contraires,
auquel cas elle arme le bras des assassins, exemples : Henri III
et Henri IV. « Crains Dieu et honore les rois », dit saint Pierre.
Courbe-toi sous le joug, chrétien, car l'Église a retourné contre
toi, son féal, l'édit porté contre elle par Galerius, en 296, qui lui
reprochait comme le plus grand des crimes de vouloir renver-
ser ce que les ancêtres avaient établi. L'Église doit, par principe comme par tempérament, tendre à la perte de toute démo-
cratie et au rétablissement de l'ancien régime, du régime théocratique.

SECTION II

LA MORALE DE L'ÉGLISE

DE LA MORALE RELIGIEUSE

Q. — La religion chrétienne est-elle la source de toute morale ?

R. — Non, car elle ne contient *aucune donnée morale qui lui soit propre* et qui ne lui vienne des religions ou des philosophies qui la précédèrent ou l'accompagnèrent.

Q. — Ce qui lui appartient en propre n'est-il donc pas moral ?

R. — Généralement, non (1).

PAR RAPPORT A L'HOMME ET A LA FEMME

Q. — L'Église regarde-t-elle l'homme comme doué d'une nature élevée et d'une haute moralité ?

R. — Non. Le Seigneur s'écrie dès la Genèse : « L'esprit de l'homme et toutes les pensées de son cœur sont portés à mal dès sa jeunesse » (2).

Q. — Qu'est-ce que l'Église fait de la chair ?

(1) Lessing a dit que ce qu'il y a de vrai dans le christianisme n'est pas nouveau et que ce qu'il y a de nouveau n'est pas vrai.

(2) Platon dit : « Tous les hommes, à commencer depuis l'enfance, font beaucoup plus de mal que de bien. »

R. — La chair lui est odieuse. C'est une abjection dans laquelle saint Augustin nous apprend qu'il y a toujours un serpent, nos sens et notre nature ; une Ève, qui est l'appétit concupiscible ; et un Adam, qui est la raison, trois choses également nuisibles et dangereuses. Aussi celui qui souille, qui torture le plus qu'il peut cette chair est-il des plus saints (1).

Q. — Comment l'Église considère-t-elle la femme ?

R. — L'Église hait, exècre, abomine la femme. La femme est la cause du péché, elle est impure, elle est impudique. Le deuxième concile de Mâcon, tenu en 585, agita la question de savoir si la femme appartenait à l'humanité, et il ne se prononça pour l'affirmative que parce que Jésus-Christ est né d'une femme (2).

(1) Les plus grandes extravagances sont les plus nobles choses. Mortifier sa chair est une jouissance céleste ; la mortification est la vraie clef du paradis. Les plus grands saints sont ceux qui se lavent le moins, et les adorateurs de la trimourti indienne sont dépassés (lire le recueil des Bollandistes, *Vies des Saints*). Jacques le Juste, un des frères de Jésus, ne but jamais, ne mangea jamais de viande, ne se parfuma pas et marcha toujours les pieds nus. Un autre, saint Siméon Stylite : « ayant eu la pensée de s'éloigner des hommes pour demeurer incessamment avec Dieu, se bâtit, auprès d'Antioche, en 420, une colonne sur laquelle il demeura trente-trois ans, jusqu'à sa mort. Jamais il ne s'assit. Les premières années, pour se soutenir, il se fit attacher à un poteau, mais il parvint à se passer de ce secours, et il demeura plusieurs années sur un pied, l'autre étant rongé par un ulcère. Il jeûnait souvent quarante jours de suite, et, dans les temps ordinaires, il ne mangeait qu'une fois par semaine. »

Saint Labre a été canonisé dernièrement parce qu'il avait pourri sa vie entière dans la fainéantise, la saleté et la vermine.

(2) On a vu des conciles agiter la question de savoir si Dieu eût pu naître femme et le nier avec horreur.

Q. — Quelle différence l'Église établit-elle entre l'homme et la femme ?

R. — L'homme a été fait à l'image de Dieu, mais la femme a été tirée de l'homme. Dieu a créé l'homme pour lui, Dieu, mais la femme n'a été créée que pour l'homme. La Bible et saint Paul font assez entendre que la femme n'a absolument rien qui vienne de Dieu. Bossuet ne lui accorde d'autre valeur que celle « d'une côte surnuméraire ». Il est défendu à la femme de recevoir le pain de la Cène autrement que sur un linge préparé à cet effet, tandis que les hommes sont simplement invités à se laver les mains. Saint Paul déclare que « l'homme est le chef de la femme ». Il ajoute : « L'homme ne doit pas se couvrir la tête parce qu'il est l'image et la gloire de Dieu, mais la femme doit se couvrir la tête » (1). Il dit encore: « Que la femme s'instruise en silence et en toute soumission. Je ne permets pas à la femme d'enseigner, ni de prendre autorité sur l'homme, mais je lui ordonne de demeurer dans le silence ». La femme chrétienne portera éternellement le poids des terribles paroles du Christ à sa mère : « Qu'y a-t-il de commun entre toi et moi, femme? » (2).

(1) On a un peu changé tout cela. Les hommes se couvrent autant la tête que les femmes, les prêtres ont de plus grands chapeaux que les autres hommes, et il y a des ordres de femmes enseignants.

(2) Après avoir avili ainsi la femme, l'Église, dans un intérêt de secte, a entrepris de la relever, et n'est pas loin de la faire supérieure à l'homme. Voyez chez les marchands d'idoles ces Christs nus dont les chairs ont craqué aux genoux, aux coudes, aux épaules, qui ont la couleur verdâtre et bleue des cadavres en pleine putréfaction, voilà bien l'image du Christ d'aujourd'hui ; mais à côté vous voyez la Vierge jeune, jolie, parée. La femme vit et l'homme est mort, mais ce n'en est pas moins contraire au caractère primitif de l'Église.

La vie de l'homme appartient tout entière au Seigneur auquel

PAR RAPPORT AU CONCUBINAGE ET A LA POLYGAMIE.

Q. — Quel est le premier résultat de cette haine pour la femme ?

R. — Le premier résultat de cet abaissement de la femme est de favoriser le concubinage.

Q. — L'Église ne prohibe-t-elle pas le concubinage ?

R. — Non. Le concile de Tolède, tenu en 400, admet

on doit rapporter toutes ses actions. Saint Paul dit : « C'est pour le Seigneur que nous vivons. Soit que vous mangiez, soit que vous buviez, faites tout pour la gloire de Dieu. » Nous devons donc à Dieu tout ce que nous faisons, et il devient dès lors difficile de le chasser de notre pensée. Écoutez saint Jean Climaque : « Celui qui aime Dieu aspire au ciel de toute son âme, écarte et rejette toute affection, tout intérêt pour les richesses et la puissance, *pour les parents* et pour la gloire humaine, *pour les frères et pour les amis*, en un mot, pour toutes les choses mortelles qui sentent la terre. Celui qui aime Dieu poursuit de toute sa haine tout sentiment, tout souci des choses qu'il a bannies de son cœur, et avec elles, il hait son corps lui-même, et nu, et vide de tout souci, il suit bravement le Christ, toujours haletant après le ciel. » On ne peut pas abaisser, avilir davantage la nature humaine. Aussi comme Molière est vrai, lorsqu'il écrit de « l'imposteur » :

> Qui suit bien ses leçons goûte une paix profonde
> Et comme du fumier regarde tout le monde...
> Il m'enseigne à n'avoir affection pour rien ;
> De toutes amitiés il détache mon âme :
> Et je verrais mourir frère, enfants, mère et femme,
> Que je m'en soucierais autant que de cela.

Et Cléante a tort de se récrier. Ce sont bien là les sentiments, non du seul *Tartuffe*, mais du chrétien ennemi de l'homme et de la famille, et c'est pour cela que *Le Tartuffe* sera éternellement craint et maudit des cagots.

la concubine au même rang que l'épouse, du moment où elle est la seule femme de l'homme (1).

Q. — N'a-t-on pas été plus loin?

R. — La polygamie fut pratiquée longtemps chez les chrétiens et le pape Grégoire II, en 726, l'institua en disant : « l'homme qui a une épouse incapable d'office conjugal en peut prendre une seconde, à la condition d'avoir soin de la première. »

PAR RAPPORT AU MARIAGE

Q. — L'Église admet-elle le mariage?

R. — Elle l'admet, mais elle le déteste.

Q. — Apprenez-nous ce qu'elle dit du mariage?

R. — Le pape saint Cirice nomme le mariage « une immondicité, une pollution de la chair. » Pascal, qui est versé dans la morale chrétienne, dit « que le mariage est la plus périlleuse et la plus basse des conditions du chrétien. » Saint Jérôme est un peu plus conciliant : « Nous acceptons le mariage » dit-il « mais pour lui préférer la virginité. » Saint Augustin nous apprend que « la volupté est de soi mauvaise, et que le mariage n'est pas un bien. » S'il peut y avoir de la chasteté dans le mariage, c'est seulement à la condition que les époux, en aucune circonstance, ne perdent jamais le but de leur union qui est de procréer des enfants, non pour le plaisir de les faire et de les

(1) « Il y a deux espèces de mariage chez les sauvages, » dit Châteaubriant « le premier se fait par le simple accord de la femme et de l'homme; l'engagement est pour un temps plus ou moins long tel qu'il a plu au couple qui se marie de le fixer : tel était à peu près le concubinage légal en Europe dans le VIIIe et le IXe siècle. »

aimer, mais pour accroître le nombre des serviteurs de Dieu. » Pouvoir rester vierge, même et surtout dans le mariage, demeure la vertu suprême : donc abomination du mariage.

PAR RAPPORT AU DIVORCE ET A L'INCESTE

Q. — L'Église admet-elle le divorce ?

R.— Non, l'Église n'admet plus que les époux divorcent, mais il y a eu des temps où elle admettait cette institution de haute moralité.

Q. — L'Église n'a-t-elle pas béni des mariages incestueux ?

R. — Si, l'Église a été jusqu'à bénir des mariages entre frères et sœurs (1).

PAR RAPPORT A L'ENFANT

Q. — L'Église n'admettant le mariage que comme une condition basse et vile, comment considère-t-elle l'enfant ?

R. — Comme une chose qui doit lui être entièrement consacrée, comme le bien de l'Église plutôt que le bien des parents (2).

(1) Anciennement l'Église avait l'habitude de bénir les draps du lit nuptial, et elle refusait la communion aux veuves, excepté aux veuves des prêtres. La bénédiction d'un mariage quelconque était une affaire d'argent.

(2) Des histoires récentes disent la façon dont l'Église aimerait à capturer tous les enfants : celle du jeune juif Mortara, à Rome, et celle de la jeune juive Sarah Mayer-Lennervier, plaidée devant la cour d'assises du Puy-de-Dôme, deux

Q. — La religion inspire-t-elle à l'enfant le respect et l'amour de ses parents?

R. — Non. L'ancienne loi disait : « Honore ton père et ta mère afin de vivre longuement sur terre », mais, après la venue du Christ, il ne faut plus vivre longuement, la mort anticipée est un bonheur, et c'est de peu les titres de père, de mère, de frère, de sœur, donnés par la nature. Jésus dit : « *N'appelez personne sur la terre votre père*, car vous n'avez qu'un père qui est dans le ciel ». Saint Paul dit : « *Obéissez à vos parents, mais seulement selon la loi du Seigneur* ».

Q. — L'Église n'accorde-t-elle donc aucune autorité aux parents?

R. Si, l'Église accorde aux parents une autorité exorbitante pourvu que cette autorité s'exerce en vue de la consécration de l'enfant à l'Église. L'Église autorise le père à consacrer son fils à Dieu, dans un monastère, dès son bas âge, sans que ce fils puisse quitter le monastère à moins qu'on ne le remplace par un homme du même âge et de la même force que lui au moment de son départ (1).

enfants enlevés à leurs parents sous prétexte qu'ils avaient été baptisés, à l'insu de leur famille, et que tout baptisé étant chrétien est la propriété de l'Église. Même histoire celle de l'abbé Mallet et de Louise et Élisabeth Bluth, plaidée devant la cour d'assises du Nord. L'Église voudrait enlever tous les enfants pour en faire des serfs et exploiter leur travail, ce que les couvents font déjà pour quelques-uns.

(1) L'Église s'est souvent élevée contre l'autorité attribuée au père dans l'antiquité, mais n'était-ce pas un pouvoir plus exorbitant que celui de tuer, celui de clouer pour sa vie entière son enfant dans un cercueil?

PAR RAPPORT A LA FAMILLE

Q. — L'Église, avilissant l'homme, la femme, détestant le mariage, est évidemment contraire à l'esprit de famille ?

R. — Oui (1), et voici comment le fils de Dieu est venu consolider la famille et apporter la paix dans le monde : « Vous pensez que je suis venu apporter la paix sur la Terre ? Non, je vous le dis, mais les divisions. Je suis venu mettre le feu sur la Terre et qu'ai-je à désirer s'il est déjà allumé ? Désormais ils seront cinq dans une maison, divisés trois contre deux et deux contre trois. Le père sera en division avec le fils, et le fils avec le père ; la mère avec la fille et la fille avec la mère ; la belle-mère avec la belle-fille, et la belle-fille avec la belle-mère. Le frère livrera son frère à la mort, et les enfants se soulèveront contre leurs pères et les feront mourir. »

PAR RAPPORT A L'ESCLAVAGE

Q. — L'Église a-t-elle établi l'égalité entre les hommes et détruit l'esclavage ?

(1) Comment ne serait-elle point contraire à la famille cette religion qui en effaçait jusqu'au nom, qui au nom patronymique substituait un nom de baptême, qui, là où existait la *gens*, là où on se nommait Claudius et Cornélius, jetait ou un Paul ou un Pierre qui devait être forcé, plus tard, à se refaire un nom de famille du nom d'une terre ou d'un sobriquet ? Un supplicié, voilà par quoi on remplaça les dieux de la nature, un sobriquet, voilà par quoi on remplaça la famille, et ce fut à la philosophie de reconstruire l'indestructible foyer.

R. — Non, ce sont là deux profondes erreurs : l'Église n'a jamais établi l'égalité entre les hommes ni dans ce monde ni dans l'autre, et il n'y a rien de plus faux que d'attribuer au christianisme l'abolition de l'esclavage. Guizot (1) écrit : « L'esclavage a subsisté longtemps au sein de la société chrétienne. On a beaucoup trop répété que l'abolition de l'esclavage dans le monde moderne était due complètement au christianisme (2). » On fait dire à saint Pierre : « Esclaves,

(1) Guizot, historien et homme politique, né à Nîmes en 1787, mort en 1874.

(2) « Une objection très familière aux défenseurs de la tradition, est celle qui consiste à étaler les plaies de la société antique, les cruautés de l'esclavage, celles de la guerre, la torture, l'infanticide permis et reconnu comme un droit, les mignons, les eunuques, les carnages de l'amphithéâtre et la prostitution forcée; et puis ils disent : Voilà ce qu'était le monde grec avant le Christ. C'est oublier bien facilement que le monde après le Christ a conservé longtemps les mêmes misères, que l'empire byzantin, a au moins égalé l'autre en scandales et en horreurs; que même sous la chrétienté moderne, la Rome des papes a été quelquefois aussi impure et aussi sanglante que celle des Césars; que la torture a duré jusqu'à la Révolution française et que l'esclavage dure encore. Car il n'y a pas de plus grands exemples des illusions que peuvent se faire les croyants que de faire honneur au christianisme et à l'Église de l'abolition de l'esclavage, quand il est certain que l'esclavage a subsisté dans l'empire chrétien comme dans l'empire païen, qu'il a duré assez avant dans le Moyen âge, que le servage existait encore en France à la veille de la Révolution; que l'esclavage des noirs s'est établi sous le règne de l'Église, qu'il persiste encore aujourd'hui dans deux États et que ces États sont catholiques; qu'il n'a commencé à tomber que depuis le XVIIIᵉ siècle, c'est-à-dire depuis que les Églises menacent ruine; et qu'à l'heure qu'il est la papauté qui condamne si facilement et si impudemment tant de choses n'a pu encore se résoudre à le condamner. L'Église a régné dix-huit cents ans, et l'esclavage, la torture, l'éducation par les coups, bien d'autres injus-

5

soyez soumis à vos maîtres avec toute sorte de respect
et de crainte, et non seulement à ceux qui sont bons
et doux, mais encore à ceux qui sont rudes et fâcheux.
Et quel sujet de gloire avez-vous si c'est pour vos fautes
que vous endurez les coups et les soufflets ! » Saint
Paul tient un semblable langage : « Esclaves, obéissez
à vos maîtres selon la chair avec crainte et tremble-
ment, dans la simplicité de votre cœur, comme à
Jésus lui-même. Que chacun demeure en l'état où il
était quand Dieu l'a appelé. Lors même que tu pourrais devenir libre, reste plutôt dans la servitude. »
Saint Philémon, le collaborateur de saint Paul, dont la
maison était à Colosses, en Asie mineure, possédait des
esclaves. Tous les pères de l'Eglise maintiennent l'esclavage. A Rome, au IV\ siècle, des maisons chrétiennes ont jusqu'à deux et trois mille esclaves. Il n'y
a là rien qui scandalise. L'esclavage est d'origine
divine. C'est par l'inspiration de Dieu que Noé a
maudit Cham : « Que Chanaän soit maudit, qu'il soit à
l'égard de ses frères l'esclave des esclaves. Que le Seigneur, le Dieu de Sem, soit béni et que Chanaän soit
son esclave. » L'esclavage est consacré par les lois
dites de Moïse. *Il n'existe pas un mot du Christ contre
l'esclavage.* Bossuet le recommande et aussi Bailly.
Quand se fit le mouvement des Communes, le clergé
s'y opposa surtout en raison de l'affranchissement des
serfs, car « les prélats avaient leurs serfs, non moins
que les princes séculiers, les abbés tout aussi bien que
les barons, les moines comme les gentillâtres » « *Le
Christ* » dit J.-J. Rousseau « *ne prêche que servitude et*

tices encore, ont continué tout ce temps, de l'aveu même de
l'Église et dans l'Église : la philosophie libre n'a régné qu'un
jour, à la fin du XVIII\ siècle, et elle a tout emporté presque
d'un seul coup ».

dépendance. Son esprit est trop favorable à la tyrannie pour qu'elle n'en profite pas toujours. Les vrais chrétiens sont faits pour être esclaves. » Machiavel (1) écrit : « Les doctrines du Christ qui recommandent uniquement le courage passif et la patience, ont constamment réprimé le courage de l'esprit humain et l'ont préparé à l'esclavage et à l'asservissement. » Les Grands Jours d'Auvergne eurent à juger beaucoup de crimes et d'in-

Les moines ont eu des serfs jusqu'à la Révolution française.

famies commis par des prêtres sur leurs esclaves. Les chanoines de saint Augustin avaient des esclaves ;

(1) Machiavel, né à Florence, mourut en 1530.

Fléchier (1) les en louait. Les derniers serfs, en France, appartenaient à l'abbaye de Saint-Claude qui ne consentit à les affranchir, en 1781, que moyennant une indemnité de vingt-cinq mille écus. La Révolution abolit l'esclavage sur tout le territoire de la République. Bonaparte ayant restauré la religion chrétienne le 18 germinal an X, il rétablit, le 30 floréal suivant, l'esclavage et la traite dans les colonies. La République de 1848 abolit définitivement l'esclavage sur le territoire français. C'est donc contre l'Église que l'affranchissement de l'homme a été conquis (2).

(1) Fléchier, évêque de Nîmes, né à Pernes (comté d'Avignon) en 1632, mort en 1710.

(2) Il faut rapprocher de la morale de l'Église sur l'esclavage la philosophie antique, afin de juger de la différence qui existe entre les deux. Socrate recommande au maître de se concilier l'affection de ses esclaves, d'user toujours de douceur envers eux; il glorifie le travail et demande : « Quels sont les plus justes ceux qui travaillent ou de ceux qui restent les bras croisés? » Et il répond : ceux qui travaillent. Solon reconnaît dans l'esclave un homme dont l'âme peut s'ouvrir à l'honneur et à la vertu et qu'il faut respecter dans sa vie et dans sa pudeur. Il défend au maître de tuer un esclave. L'esclave pouvait toujours se réfugier dans le temple de Thésée et changer de maître. Platon supprime l'esclavage dans sa république. Aristote nous apprend que, de son temps, tous les sages étaient de cet avis : « Que le pouvoir du maître sur l'esclave est contre nature. La nature fait des hommes égaux, donc l'esclavage est une injustice, attendu qu'il est le résultat de la violence. » Au rapport de Théopompe, c'étaient les habitants de Chio qui, les premiers, avaient introduit en Grèce l'usage de vendre et d'acheter des esclaves, et pour ce fait, l'oracle d'Apollon Delphien déclara qu'ils s'étaient attiré la colère des dieux. Des solennités rappelaient, de temps en temps, que maîtres et esclaves étaient égaux. Diodore de Sicile disait des indiens qu'ils avaient une ancienne loi, digne en tout point d'envie, en vertu de laquelle « nul parmi eux ne peut être esclave, et tous étant libres, doivent en toutes choses observer l'égalité. » Et Homère, dans l'Odyssée s'écrie : « Le

PAR RAPPORT AU TRAVAIL

Q. — L'Église honore-t-elle le travail?

R. — Non. Le travail est le résultat du péché, c'est la peine attachée à la condamnation d'Adam, c'est seulement après avoir été chassé du Paradis terrestre que l'homme est forcé à travailler, qu'il doit cultiver la Terre et gagner son pain à la sueur de son front; le travail fait partie de la malédiction de Dieu, il est donc un objet de répulsion, de mépris, d'horreur. « Si j'avais à rechercher » dit Guizot « quel a été le mal le plus profond, le vice le plus funeste de cette ancienne société qui a dominé la France jusqu'au XVIe siècle, je dirais, sans hésiter, que c'est le mépris du travail. »

PAR RAPPORT A LA PROPRIÉTÉ

Q. — L'Église admet-elle la propriété?

R. — Non, l'Église n'admet pas la propriété.

Q. — Pourquoi?

R. — Parce que le christianisme est éminemment communiste.

Q. — Sur quelles paroles appuyez-vous cette assertion?

R. — Le Christ ne connaît que misère et nudité. Il a répété maintes fois que les riches n'entreraient pas dans le royaume du ciel; il dit: « Quiconque ne renonce pas à tout ce qu'il possède ne peut être mon disciple.

dieux ont ôté à l'homme la moitié de sa vertu le jour où il a été réduit en esclavage. »

Vendez tout ce que vous avez. » Il n'y a pas de plus grande négation de la propriété que le christianisme. Les premiers sectateurs de Jésus apportent aux pieds des

L'Église veut qu'on lui remette tous les biens.

Apôtres tout ce qu'ils possèdent. Saint Justin (1) écrit : « Nous mettons en commun tout ce que nous avons, et nous partageons entre les indigents. » Tertulien dit : « Tout est commun entre nous. » Il y a des sectes chrétiennes qui ont étendu, qui étendent encore, le communisme jusqu'à la femme, en s'appuyant sur des versets des Évangiles. La communauté régie par le prêtre est le seul mode de vivre vraiment chrétien. Tout chrétien qui est propriétaire n'est pas chrétien, et « un chameau

(1) Saint Justin est un des pères qui ont sanctifié Socrate, Héraclite, etc., et qui disaient : « Ceux qui ont connu une partie de la vérité et vécu selon la raison dans les temps anciens ont connu le Verbe avant sa venue sur la terre et ont été chrétiens. »

passerait plutôt par le trou d'une aiguille qu'un riche n'entrerait dans le royaume du ciel. »

PAR RAPPORT A LA SOCIÉTÉ

Q. — L'Église est-elle favorable à la Société ?

R. —Pour être favorable à la Société, elle méprise trop l'homme et les biens de ce monde. Ayant en horreur tout ce qui peut rattacher les hommes entre eux, l'Église ne peut être constitutive, elle ne peut former aucun lien social. « La dernière expression du christianisme » dit Pierre Leroux « est de considérer cette vie comme une vallée de larmes, toute créature comme méprisable, et Dieu seul comme digne d'amour. Le christianisme dans ses plus grands apôtres, dans l'Évangile comme dans saint Paul, comme dans saint Augustin, comme dans tous les saints sans exception, a toujours attendu, imploré, pressé la fin du monde. » Saint Jacques dit : « Ames adultères et corrompues, ne savez-vous pas que l'amour de ce monde est inimitié devant Dieu ! » Et saint Jean : « Gardez-vous d'aimer ce monde, ni rien de ce qui est en ce monde. » Donc point de Société.

PAR RAPPORT A LA CIVILISATION ET AU PROGRÈS

Q. — L'Église étant contraire à la Société peut-elle être acquise à la cause de la civilisation et du progrès ?

R. — Non.

Q. — Ses théories lui permettent-elles au moins de laisser la civilisation et le progrès s'accomplir ?

R. — Non. Le christianisme a apporté la barbarie

sur la Terre. Le monde est barbare depuis Théodose (1) jusqu'à la Renaissance; il est plongé dans les ténèbres depuis l'antiquité qui meurt jusqu'à l'antiquité qui renaît. C'est à bon escient qu'on dit la Renaissance, car le monde sort alors du tombeau. L'Islam n'aura pas empêché les arabes du temps des Califes, du IXe au XIIIe siècle, de remplacer la civilisation romaine étouffée, de se distinguer dans les sciences, les lettres, la philosophie, et de reconstruire pour nous les monuments de l'antiquité brûlés par les chrétiens (2); mais le christianisme, tant qu'il domine, est une nuit dont aucun éclair ne déchire les ténèbres. Lorsque la Renaissance apporte le splendide bagage de l'antiquité, le monde semble éclore. Les papes, Alexandre VI, Jules II, Léon X, de savants cardinaux, épris des beautés de la Grecque et de la Latine ne veulent plus gâter leur latin en lisant la Bible. C'est le temps où les clercs lettrés déclarent préférer Socrate à Jésus; et quand Jean Savonarole (3) s'écrie: « l'Église n'est plus l'Église! » on

(1) Théodose, empereur romain, né en 346, mort en 395. Il fut un de ceux qui combattirent le plus l'hérésie arienne et firent de l'Église l'appui de l'État, en la comblant d'honneurs et de richesses. Il fit confirmer, en 381, au concile œcuménique de Constantinople, le symbole de Nicée.

(2) Nous rappellerons seulement l'incendie de la bibliothèque d'Alexandrie que le patriarche Théophile, en 389, détruisit dans un feu de six mois en même temps que le fameux temple de Séraphis. Quand Omar arriva, en 638, il ne trouva que quelques livres qui avaient remplacé les 600,000 manuscrits détruits par la fureur religieuse de Théophile.

(3) Jean Savonarole, né à Ferrare en 1452, mort en 1498. Il appartenait à l'ordre de Saint-Dominique. Après avoir acquis une grande renommée par ses prédications, il donna une constitution à la ville de Florence, et l'on vit la splendide cité des Médicis devenir une sorte de capucinière où on ne connaissait d'autres plaisirs que la messe et la procession. Il enrégimenta

brûle Jean Savonarole en même temps que la foi des premiers apôtres, et, grâce à cet holocauste, un moment, l'Église marche à la tête de la civilisation. Mais elle s'aperçoit bientôt qu'elle se perd. Elle revient sur ses pas. « Elle impose » dit Ranke (1) « une barrière que les esprits ne doivent plus franchir. Malheur à quiconque ose s'aventurer au delà. » Giordano Bruno (2), Lucilio Vanini (3), Galilée, marquent de leur martyre la

des enfants au nombre de 15,000 pour faire la police des rues. Il brûla les tableaux, les tapis, tous les objets d'art et les livres de Boccace et de Pétrarque. Enfin il prêcha contre les mœurs dissolues du clergé et voulut le réformer. Il s'attira ainsi de grandes haines, notamment celle du pape Alexandre VI, et un jour, comme il s'était refusé à faire un miracle, le peuple tourna contre lui et il fut brûlé après avoir été excommunié. Il avait dit : « On sait ce que valent les excommunications ; pour quelques deniers la cour de Rome excommunie qui on veut. »

(1) Ranke, historien allemand, né en 1795.

(2) Giordano Bruno, philosophe italien, d'abord dominicain, quitta l'habit, fut accusé d'hérésie et chercha un refuse à Genève, en France, en Angleterre et en Allemagne. Il finit par tomber, en 1592, dans les mains de l'Inquisition de Venise qui le fit brûler vif.

Il était coupable d'avoir embrassé les idées de Copernic et de les avoir alliées à l'idée de l'infinité des mondes de Lucrèce. Un des premiers, il déclara que la nature procède par manifestations et par développements. Il disait que la matière « n'est pas cette capacité vide que les philosophes ont décrite, mais la mère universelle qui crée chaque chose comme le fruit de son propre sein. »

(3) Lucilio Vanini, né à Taurisano, terre d'Otrante, en 1584. Il fut ordonné prêtre, mais il ne se servit de la chaire que pour propager la philosophie et fut souvent obligé de fuir. A Lyon, il publia son *Amphithéâtre* où, sous couleur de défendre la religion catholique, il défendait la philosophie. Il professait l'athéisme. Ses cours, à Paris, attiraient beaucoup de monde. Il publia ses *Dialogues de la nature* que la Sorbonne condamna au feu. Il s'en alla à Toulouse, mais là on s'en prit à sa per-

frayeur de l'Église. Borelli mendie dans les rues de Florence et Oliva se donne la mort pour échapper aux tortures du Saint-Office ; Descartes mis à l'Index, va expirer en Suède, et sous Louis XVI, à la veille de la Révolution, la Sorbonne condamne Buffon. Tous les jours encore l'Église censure, poursuit, anathémathise tout ce qui peut servir au progrès, tout ce qui constitue la civilisation.

PAR RAPPORT AU CLERGÉ

Q. — L'histoire du clergé rend-elle ses membres respectables et son institution morale ?

R. — L'institution du clergé (1) n'a rien d'immoral en soi, mais l'histoire de la Rome papale « cette forme de gouvernement inspirée par l'absolutisme le plus brutal qui fut jamais, » remplie des nombreux crimes des papes, n'offre rien d'édifiant. Il en est de même des conciles dont « la lecture » dit Bayle (2) « ferait cent fois

---

sonne. Arrêté, on lui coupa la langue, on le pendit et on le brûla le 19 février 1619. En allant au supplice, il disait : « Le Christ sua de peur et de faiblesse et moi, je meurs intrépide. » Vanini fut un ennemi déclaré de la foi chrétienne.

(1) Clergé ; choisis au sort, *Clérotes*, nom qui lui vient des anciennes congrégations grecques, *éranes* ou *thiases*.

Les religions de l'Orient établies dans la Grèce, après en avoir reçu l'autorisation du conseil et du peuple, s'étaient plus ou moins bien conservées. Elles donnaient naissance à des *thiases, éranes religieux* et *orgéons*, associations qui (au contraire des religions indigènes qui n'admettaient qu'une famille ou qu'une tribu) étaient ouvertes à tous, aux femmes, aux étrangers, aux affranchis, aux esclaves, ils préparaient ainsi leurs adeptes à recevoir la religion qui viendrait de l'Orient (ces points sont remarquables par rapport au christianisme). Ces thiases avaient une administration commune et des banquets symboliques.

(2) Bayle (Pierre), né à Carlat, comté de Foix, le 18 novembre

plus d'incrédules que de chrétiens. Il n'y a point d'histoire qui fournisse plus de sujets de scandale, ni un théâtre plus choquant de passions, d'intrigues, de factions, de cabales, de ruses, que celle des conciles. » Toutes les violences, toutes les haines, toutes les vengeances, le meurtre, l'inceste joint à la cupidité, « ce vice caractéristique du clergé, » sont le propre de la société cléricale. Dès que le christianisme est assis dans l'État, le clergé développe un luxe inouï et appelle les matrones romaines qui, ruisselantes de diamants, se font traîner à l'église dans un char doré entouré d'esclaves. A l'église les hommes ont d'abord été séparés des femmes ; ils se sont réunis, et se sont livrés, sous les yeux du clergé, à toute sortes de corruptions. L'Église de Rome, celle d'Orient, celle d'Afrique, présentent les mêmes vices. A Carthage, des jeunes gens sollicités par les prêtres s'en vont, revêtus d'habits de femmes, provoquer dans les églises à des voluptés immondes. En Italie, en Espagne, en France, le Moyen Age étonne le monde par les prodiges de débauche de ses couvents, de ses monastères, par sa corruption et ses crimes (1). Plaisirs, fortune, domination, voilà la moralité du clergé.

1647, mort le 28 décembre 1706. Il devint disciple de Descartes. Le bourreau ayant brûlé sa *Critique générale de l'histoire du calvinisme,* du P. Maimbourg, sa réputation en fut établie. C'est un syncrétiste sceptique qui publia des commentaires sur ces paroles de l'Évangile : « Contrains-les d'entrer; » et un bien remarquable dictionnaire historique et critique (1699).

(1) « Le clergé, a dit Montesquieu, est une famille qui hérite de toutes les autres et dont aucune n'hérite. »

Sous Henri Ier, le clergé était marié, simoniaque (simonie, trafic des choses sacrées, mot qui vient de Simon de Gitton qui demanda aux apôtres Pierre et Jean de lui vendre pour de l'argent le droit de conférer avec le Saint-Esprit et de faire des miracles), « vendu aux princes, composé presque entièrement

PAR RAPPORT AU LIBRE-ARBITRE, A LA VERTU
ET A LA RAISON

Q. — L'Église accorde-t-elle à l'homme son libre-arbitre?

R. — Non, l'homme est lié à Dieu; celui-ci est partout et partout il est le maître de l'homme dont la volonté est dans sa main. Faire à sa volonté ne dépend, comme le dit saint Paul, « ni de celui qui veut ni de celui qui court. »

Q. — Si l'homme n'est pas le maître de ses actions, il ne dépend pas de lui de faire le bien ou le mal?

R. — Non, il ne dépend pas de l'homme d'être vertueux, cela dépend de Dieu.

Q. — Comment l'Église entend-elle la vertu?

R. — L'homme, d'après l'Église, n'est pas libre pour le bien, mais il est libre pour le mal. Pour faire le bien, il faut qu'il ait été touché de la grâce divine. Le livre de la Sagesse dit : « Quelqu'un parmi les enfants des hommes a beau être parfait, si la justice de Dieu ne lui vient pas en aide, il sera compté pour rien. » Dieu agit, d'après sa justice propre qui demeure impénétrable à nos faibles sens et lui seul peut connaître les fins de nos actions; il peut éclairer par miséricorde et aveugler par justice. La vertu pour l'Église c'est la grâce.

Q. — Être opposé au libre-arbitre, n'est-ce point condamner la raison humaine?

R. — Oui. Aussi l'Église la condamne-t-elle.

d'hommes de sang et de débauche; l'Église était perdue; et pour comble la papauté se trouvait mise à l'encan comme les autres évêchés. » En Bretagne, les prêtres avaient jusqu'à dix femmes et même davantage.

« Lorsque l'homme vit selon l'homme, il est semblable au Diable », dit saint Augustin. Bossuet convient comme il suit qu'on ne peut être raisonnable suivant la nature et raisonnable selon la religion : « Quand on s'attache ou tout-à fait à la foi comme font les catholiques, ou tout à fait à la raison humaine comme font les infidèles, on peut établir une suite et faire un plan uni de doctrine, mais quand on veut faire un composé de l'un et de l'autre, on tombe dans des opinions dont la contrariété fait voir la fausseté toute manifeste. » Lacordaire avoue également deux raisons : « Et maintenant il est manifeste qu'il existe dans l'humanité deux raisons : la raison humaine et la raison catholique : un double foyer de vie et d'activité tellement différents l'un de l'autre qu'un acte sage au point de vue de la raison catholique peut être insensé au point de vue de la raison humaine, et réciproquement. » La raison catholique est donc la négation de la raison humaine, et cette dernière raison est formellement condamnée par l'Église.

PAR RAPPORT A LA RAISON DIVINE

Q. — Comment s'impose la raison divine?

R. — Par la force.

Q. — Cette raison n'est donc pas démontrable?

R. — Non, et l'Église, n'a qu'une position à prendre : se renfermer dans son infaillibilité. Pour imposer sa raison, détruire la raison humaine et la science, il lui faut tendre la main à un pouvoir autocratique et opposer une barrière infranchissable à l'esprit d'examen et de liberté. Il faut, comme l'a écrit Lamennais: « qu'elle maintienne son ancienne alliance avec les pouvoirs absolus, qu'elle leur prête secours contre les peuples et contre la liberté, afin d'obtenir d'eux une tolérance telle quelle, à souder l'autel au trône, à s'appuyer sur la force, à tourner la croix vers le passé, à la confier à la protection des protocoles diplomatiques, à la remettre à la garde de soldats chargés de contenir, la baïonnette sur la poitrine, les nations frémissantes (1). »

PAR RAPPORT AU SALUT

Q. — La théorie de l'Église par rapport au salut est-elle morale ?

R. — Il est facile de se convaincre du contraire en

(1) Lamennais naquit à Saint-Malo en 1782, il est mort en 1854. Il publia en 1817 son *Essai sur l'indifférence en matière de religion*, qui lui acquit la célébrité. Il était d'un tempérament faible et lymphatique, enclin au mysticisme, ce qui explique jusqu'à un certain point pourquoi il se lança d'abord aussi maladivement dans le dogme.

Son premier volume sur l'indifférence fut reçu avec enthousiasme, le deuxième dans lequel il s'appuyait sur les sentiments religieux unanimes du cœur humain le firent mal voir du clergé. Ses autres livres lui attirèrent la haine des libéraux, car il y niait tout esprit de liberté et flétrissait l'Université. Il soutenait la politique d'Innocent III, celle de la théocratie à outrance. Esprit sans consistance, mais accessible à la raison, il se tourna plus tard vers le libéralisme et ne se soumit à Rome que pour vivre tranquille. Ce fut d'un moment de sensibilité que sortirent les *Paroles d'un croyant*, inspirées par les événements de Pologne. Depuis il se tourna contre Rome, fonda sous la République le *Peuple constituant* qui cessa de paraître après les journées de Juin par un numéro qui fait le plus grand honneur à Lamennais : « Le *Peuple constituant*, disait-il, a commencé avec la République, il finit avec la République... Ce n'est plus là la République, mais autour de sa tombe, les saturnales de la réaction. » A partir du coup-d'État, exécuté le 2 décembre 1851 par Napoléon Bonaparte contre le peuple français il demeura dans la vie privée.

examinant combien cette théorie est exclusive. Elle peut se résumer dans la phrase fameuse : « *Hors de l'Église point de salut.* » Nous sommes damnés avant que de naître ; nous sommes destinés aux plus grandes souffrances, au feu éternel, si l'Église ne nous tend pas les bras ; elle nous les tend et nous sommes perdus si nous ne nous y précipitons pas. « Nous savons » dit Pascal « que toutes les vertus, le martyre, les austérités et toutes les bonnes actions sont inutiles en dehors de

Jean-Jacques Rousseau.

l'Église et hors la communion du chef de l'Église qui est le pape. » Jean-Jacques Rousseau (1) s'est élevé de toute sa large autorité contre cette prétention de l'É-

(1) J.-J. Rousseau, né à Genève le 28 juin 1712, mort à Erme-nonville, près Paris, le 2 juillet 1778. Fils d'un horloger, Rous-seau, après bien des vicissitudes, vicissitudes qui, du reste, l'ac-cablèrent toute sa vie, après avoir cru qu'il pouvait faire un musicien, trouva dans l'amitié de Diderot des indications sur

glise de n'admettre la sauvation que de ceux qui meurent dans son sein, bien qu'elle sente si bien son injustice que, dans la prédication, le prêtre n'ose plus vouer le protestant, le musulman et le sauvage qu'aux peines du purgatoire. « Ou toutes les religions sont bonnes et agréables à Dieu » a dit J.-J. Rousseau « ou s'il en est une qu'il prescrive aux hommes et qu'il le punisse de méconnaître, il lui a donné des signes certains et manifestes pour être reconnue comme la seule véritable : ces signes sont de tous les temps et de tous les lieux, également sensibles à tous les hommes, grands et petits, savants et ignorants, européens, indiens, africains, sauvages. S'il était une religion sur la Terre hors laquelle il n'y eût que peine éternelle et qu'en quelque lieu du monde un seul mortel de

sa voie véritable et se mit à écrire. Sa vie, il l'a racontée en grande partie dans ses immortelles *Confessions*, le plus beau peut-être de ses livres. Cependant, quel livre d'éducation que l'*Émile!* si l'on pouvait placer l'élève dans un milieu où on pût le mettre en pratique. Combien de données à y prendre, de conseils à y puiser! Quel livre éveillera jamais plus de pensées par rapport à l'éducation et, par cela même, quel livre est plus utile? Par son *Contrat social*, Rousseau exerça une grande influence sur la Révolution française; il démontra que toute l'autorité se trouvait dans la volonté générale ou populaire. Nul ouvrage ne renferme des sentiments plus fins, plus cordiaux que cette *Julie ou la Nouvelle Héloïse* (écrite dans une langue admirable) pure de toute monstruosité morale, qui intéresse presque sans critique, qui charme parce qu'elle est vraie, parce que, comme dans les *Confessions,* Rousseau n'a pas craint de s'y mettre tout entier. Quel auteur a jamais écrit avec une telle franchise? Qui a montré une simplicité plus grande, plus idéale? Est-ce la faute à Rousseau si, chaque fois qu'il se trouve en présence de la réalité, cette réalité le brise et le rend injuste? Il n'a pas compris la vie sociale, il n'était pas fait pour la vivre, et cependant il lui a laissé presque autant que Voltaire toutes les qualités de sa raison, de son esprit et de son cœur.

bonne foi n'eût pas été frappé de son évidence, le Dieu de cette religion serait le plus cruel et le plus inique des Tyrans. Vous m'annoncez un Dieu né et mort il y a deux mille ans, à l'autre extrémité du monde, dans je ne sais quelle petite ville, et vous dites que tous ceux qui n'auront pas cru ce mystère seront damnés. Voilà des choses bien étranges pour les croire si vite sur la seule autorité d'un homme que je ne connais pas ! Pourquoi votre Dieu a-t-il fait arriver si loin de moi ces événements dont il voulait m'obliger d'être instruit (1) ? Est ce un crime d'ignorer ce qui se passe aux antipodes ? Puis-je deviner qu'il y a eu dans un autre hémisphère un peuple hébreu et une ville de Jérusalem ? Autant vaudrait m'obliger de savoir ce qui se fait dans la lune. Vous venez, dites-vous, me l'apprendre ? Mais pourquoi n'êtes-vous pas venu l'apprendre à mon père ? ou pourquoi damnez-vous ce bon vieillard de n'en avoir jamais rien su ? Pressés par ces raisons les premiers sectateurs aiment mieux faire leur Dieu injuste que de renoncer à leur barbare dogme. Les autres se tirent d'affaire en envoyant obligeamment un ange instruire quiconque, dans une ignorance invincible, aurait vécu moralement bien. La belle invention que cet ange ! Non content de nous asservir à leurs machines, ils mettent Dieu lui-même dans la nécessité d'en employer. » Ce raisonnement est irréfutable ; à un Dieu fécond en miracles on demande une preuve convaincante, palpable de son existence. Qu'il en donne

(1) C'est ce qu'on répète journellement à propos des miracles. Pourquoi ne les voit-on jamais se produire ? Ou pourquoi Dieu qui est tout-puissant ne convainct-il pas d'un coup toute la terre par un bel et bon miracle ? Voyons, pourquoi devant tout Paris rassemblé un bon jésuite ne se précipite-t-il pas du haut de l'Arc-de-Triomphe sans se faire de mal ?

une, et tout sera dit. La plus grande partie de la population terrestre ne reconnaît pas ce Dieu et tous ces peuples divers sont livrés à la damnation ? Et vous condamnez toute cette éternité humaine qui est d'avant le Christ ? Il résulte de saint Augustin qu'il fallait avant la venue du Messie croire en un seul Dieu et à la venue du Messie pour être sauvé, et, si l'on était juif, obéir aux lois de Moïse. Mais comment croire à la venue du Messie si l'on n'était pas juif ? Tout ce qui est né en dehors de ce peuple microscopique, qui n'a même point de place fixe sur le globe, est donc damné ? Oui. Mais l'Église déclare que par cette condamnation générale Dieu a voulu prouver combien la raison humaine livrée à elle-même était corrompue, et combien était nécessaire la venue du Messie. Mais, outre que la venue du Messie n'empêche pas la damnation de tous ceux qui ont vécu pendant des millions d'années avant lui, si notre raison a été abandonnée par Dieu qui l'avait formée, c'est Dieu qui l'a livrée à elle-même par une volonté de sa toute puissance, c'est donc lui qui est le corrupteur, et, comme il fait de notre raison sa chose, si notre raison est corrompue, c'est sa faute, et il est corrompu en elle, et le Messie devait venir pour lui, Dieu, et non pour les hommes. N'importe ! Il n'y a pas de salut en dehors de l'Église. Jésus dit : « Quiconque n'est pas avec moi est contre moi et quiconque n'amasse pas avec moi dissipe. » On ne peut être dans la voie du salut qu'avec le Sauveur, sans cela le Sauveur n'aurait pas de raison d'être puisqu'on pourrait se passer de lui. Lorsque les Pélagiens (1) soutenaient que

(1) Pélage, moine anglais dont le nom était Morgan, né dans la deuxième partie du IVe siècle. Il se fixa à Rome où il mena une vie austère.

Avant lui aucune doctrine ne s'était élevée dans l'Église qui

les païens sont justifiés par leur ignorance même et qu'ils ne péchent pas en agissant selon leur conscience, ou droite, ou erronée, saint Augustin s'écriait : « Si cette doctrine était vraie, les païens seraient sauvés sans la foi de Jésus-Christ et sans la grâce : le divin Sauveur serait donc mort inutilement. » On le voit, il est nécessaire que soit damné tout ce qui avant, pendant et après Jésus, est demeuré étranger à Jésus, tout ce qui, aujourd'hui demeure en dehors de lui, c'est-à-dire des millions de fois plus d'individus qu'il n'y en a qui connaissent ou qui reconnaissent Jésus. Et Jésus n'existe que dans l'Église. Le salut n'est donc pas ailleurs que dans l'Église romaine. Le concile de Sardique en 347 et l'œcuménique de Latran en 1215

plaçât la liberté de l'homme en face de la puissance de Dieu. Pélage le premier s'éleva contre la fatalité chrétienne. Il proclama que l'homme est libre, que ses propres forces lui suffisent pour éviter le péché, « *Si nous participons au mal sans notre faute*, disait-il, *nous devons aussi participer au bien sans notre mérite* »; c'est ce que le disciple de Pélage, Céleste, expliquait en disant « que le péché ne naît pas avec l'homme, qu'il est un acte de la volonté auquel son imperfection individuelle peut le solliciter plus ou moins », et il ne voulait pas qu'on donnât le baptême aux enfants, parce qu'ils ne pouvaient avoir besoin qu'on effaçât des fautes qu'ils n'avaient pas eu le temps de commettre.

Le pape saint Sozime accepta d'abord la déclaration de liberté qui était la négation du péché originel, mais les évêques, plus habiles que le pape, s'apercevant du coup porté à la religion, le firent revenir sur sa première opinion, et le concile de Carthage réuni en 418 condamna à jamais le libre-arbitre et établit la doctrine du fatalisme des chrétiens qui cependant condamnent le fatalisme mahométan. Il y a eu aussi des *semipélagiens* qui prétendaient que l'homme n'est ni un cadavre, comme le prétend l'Église, ni un homme sain, comme le prétendait Pélage, et il le considéraient comme un malade nécessitant la venue d'un médecin, l'Église.

ont prononcé qu'il n'y a qu'une Eglise universelle hors de laquelle il n'y a point de salut. Celui donc qui n'est pas chrétien, catholique, apostolique, romain, Immaculée-conceptionniste et infaillibiliste, est livré à la damnation éternelle.

PAR RAPPORT A LA TOLÉRANCE

Q. — La doctrine du salut professée par l'Église n'entraîne-t-elle pas l'intolérance ?

R. — Si, car l'Église se croyant seule dans la vérité et étant persuadée que tous les autres sont dans l'erreur doit employer tous les moyens pour les amener à elle, et s'ils persistent dans leur erreur, ce sont des êtres méprisables et maudits de Dieu que l'Église doit avoir en horreur, qu'elle doit retrancher par tous les moyens du nombre des humains, d'autant plus que la façon dont il leur est possible, soit par les supplices, soit par les tourments moraux, soit même par la mort, de servir à l'édification de l'Église, peut leur faire ouvrir les yeux à la lumière et leur faire pardonner par Dieu leur aveuglement. C'est pour cela que la religion a toujours pu condamner ce qui n'émanait pas d'elle et s'armer du glaive pour sa défense ou pour la conversion des infidèles (1). L'intolérance est pour l'Église une vertu. Tolérer est criminel. C'est pour cela que J.-J. Rousseau a pu dire du chrétien : « J'appelle intolérant par principe tout homme qui s'imagine qu'on

____

(1) C'est une application du fameux : « Forcez-les d'entrer » « Pour la plus grande gloire de Dieu. » ajouterait un père jésuite en assassinant son père hérétique.

ne peut être homme de bien sans croire tout ce qu'il croit, et damne impitoyablement ceux qui ne pensent pas comme lui. En effet, les fidèles sont rarement d'humeur à laisser les réprouvés en paix dans ce monde, et un saint qui croit vivre avec des damnés anticipe aisément sur le métier du diable ». Et saint Thomas conclut : « L'hérétique ne doit pas seulement être retranché de l'Église par l'excommunication, il doit être retranché du monde par la mort. »

L'Église brûle ceux qui ne pensent pas comme elle.

PAR RAPPORT A L'OBÉISSANCE

Q. — Si l'Église n'admet pas qu'on puisse faire son salut en dehors d'elle et professe l'intolérance, n'est-il pas évident qu'elle doit réclamer l'obéissance passive à ses lois ?

R. — Certainement. L'Église est la voie, la vérité, la vie, et tout ce qu'elle décrète doit être obéi. N'est-ce pas pour avoir usé de sa volonté propre, pour avoir désobéi, qu'Adam a été damné et avec lui tous les hommes. L'obéissance est la mère gardienne de toutes les vertus. Par obéissance, on doit, comme le dit saint Thomas d'Aquin (1) : « Sans injustice, pour obéir à Dieu, ôter la vie à un homme qu'il soit coupable ou innocent. Ce que nous disons de l'homicide, il faut l'entendre aussi de l'adultère. »

PAR RAPPORT A L'ESPRIT DE RÉVOLTE

Q. — L'obéissance que l'Église exige est-elle pour elle seule ou l'étend-elle à la Société civile?

R. — Elle l'étend à la Société civile.

Q. — Dans quel but?

R. — Parce que l'Église étant un pouvoir absolu regarde le pouvoir gouvernemental comme une délégation d'elle-même et craindrait que le sentiment de révolte qu'elle sanctionnerait vis-à-vis du pouvoir laïque ne pût paraître juste aussi quelque jour vis-à-vis de l'ecclésiastique.

Q. — L'Église condamne donc formellement l'esprit de révolte, où qu'il se trouve?

R. — Formellement. Pie IX, dans une lettre en-

(1) Saint Thomas d'Aquin, le docteur *angélique*, fort bien nommé, comme on le voit, né en 1225 à Rocca-Secca, mort en 1274. Le recueil des bollandistes nous apprend quels merveilleux combats il dut soutenir pour résister aux larmes de sa mère qui ne voulait point qu'il embrassât la vie religieuse. Son principal ouvrage est sa *Somme de théologie*. Il voulut substituer aux mauvais traités de théologie un résumé substantiel méthodique et lumineux qui comprît le christianisme tout entier, depuis l'existence de Dieu jusqu'au plus humble précepte évangélique, et il mena cette œuvre à bien. Il enseigna la théologie à Bologne, à Paris, à Rome et à Naples.

cyclique (1) en date du 30 juillet 1864, adressée aux autorités et aux évêques de Pologne blâme sévèrement l'insurrection parce que « tout le monde sait avec quel soin l'Église catholique a toujours prêché et enseigné que toute âme est soumise aux puissances supérieures. » L'Église se consolide, dit Grégoire VII (2)

(1) La lettre encyclique ou circulaire émane du pape et s'adresse au monde catholique, à tous les évêques comme aussi aux fidèles sans exception.

(2) Grégoire VII (Hildebrand), né à Soana (Toscane) en 1013. Sous Léon X, Victor II, Nicolas II, Alexandre II, il prit la plus grande part à la réforme ecclésiastique en rétablissant la discipline et en réprimant la simonie. Il fut élu pape en 1073. En 1076, commença entre lui et l'empereur d'Allemagne Henri IV, la grande querelle des investitures. Henri ne voulant pas se laisser enlever par la cour romaine le droit de vendre les dignités ecclésiastiques et d'y nommer ses protégés, il s'ensuivit un échange d'invectives. Grégoire suscita des révoltes contre son ennemi et délia ses sujets du serment de fidélité. Henri IV, excommunié, dut venir à Canossa s'humilier, pieds nus, devant Grégoire.

Le but principal de Grégoire fut l'indépendance absolue du clergé, depuis le pape jusqu'au dernier prêtre. « Une vaste aristocratie ayant le pape pour chef, dit H. Milman, devait gouverner le monde. Pour réaliser ce système dont le clergé devait être l'agent, il fallait faire du clergé une caste plus distincte, plus inviolable dans sa personne et dans ses biens qu'il ne l'avait été. » C'est pour cela que Grégoire exigea le célibat des prêtres. Il se figurait le pape comme un arbitre entre Dieu et le genre humain. Il voulut enlever la papauté au joug des empereurs qui s'arrogeaient le droit de nommer les évêques, la soustraire aux caprices du peuple qui avait pris part jusque-là à l'élection des papes, concentrer cette élection dans le conclave des cardinaux, et enrégimenter le clergé sous les clefs de saint Pierre.

Hildebrand contribua à la ruine du christianisme, *mais il établit l'Église catholique, politique et sociale dont la religion est le moyen, dont la domination absolue est le but.*

dans sa lutte contre l'empereur d'Allemagne Henri IV (1) « d'autant plus que l'harmonie et l'union sont plus intimes entre le Sacerdoce et l'Empire. » Il faut considérer l'Église de la même façon que Guizot lorsqu'il écrit : « L'Église s'est toujours présentée comme l'interprète, le défenseur de deux systèmes, du système théocratique et du système impérial romain, c'est-à-dire du despotisme tantôt sous la forme religieuse, tantôt sous la forme civile. Prenez toutes ses institutions, toute sa législation, prenez ses canons, sa procédure : Vous retrouverez toujours et quand même comme principe dominant la théocratie ou l'empire. »

L'Église, qui a fait l'Inquisition, demande à appliquer dès ce monde-ci les tortures qu'elle destine dans l'autre à ses fidèles.

Et pour assurer sa domination, celle des puissances, pour abaisser les peuples, pour anéantir l'esprit de révolte, ou d'examen seulement, l'Église a fait la guerre,

(1) Henri IV, empereur d'Allemagne, né en 1050, élu en 1056.

au mépris des droits de l'humanité, à tous les peuples du monde; ne considérant point comme obligatoire la loi donnée à l'infidèle, spoliant, brûlant, saccageant, violant, assassinant, et dans les croisades, et dans les guerres civiles, et dans les guerres entre nations. Il faut que celui qui ne se soumet pas à l'Église soit traité comme un païen ou un publicain, car « celui qui ne croira pas sera condamné. »

Q. — N'y a-t-il point des cas où l'Église trouve la révolte légitime?

R. — Pas en principe, mais quelquefois en réalité, dans les cas où c'est elle qui la suscite et dans les cas où ses fins servent sa politique et sa domination. L'Église approuve, pour elle-même, l'homicide, le régicide et la révolte, « mettre en doute la légitimité de l'assassinat dans le cas où l'assassinat peut favoriser les intérêts de l'Église, ce serait mettre en doute l'autorité des plus célèbres jésuites, de Bellarmin et de Suarez (1), de Molina (2) et de Mariana (3). Ce serait, bien davantage, s'insurger contre la chaire de Saint-Pierre. Un pape ne marcha-t-il pas en procession à la tête de ses cardinaux, ne proclama-t-il pas un jubilé,

(1) Suarez, né à Grenade en 1548, mort en 1617, théologien jésuite; c'est celui qui essaya le plus d'expliquer l'assimilation de Dieu à l'homme dans tous les actes de la vie. Il est nécessaire de le lire pour se former une idée exacte de la politique de la Société de Jésus.

(2) Molina, né à Cuença, dans la Nouvelle-Castille, en 1535, mort en 1601, théologien jésuite, qui chercha à concilier le libre-arbitre avec la prédestination.

(3) Mariana, célèbre jésuite, né à Talavera, dans la province de Tolède, en 1537, mort en 1624. C'est à lui qu'on doit un véritable code du régicide auquel on est redevable de l'assassinat d'Henri IV, car ce code déclare louable de tuer un prince qui nuit à la religion de son pays.

6

ne fit-il pas tirer le canon du château Saint-Ange en l'honneur de l'insigne massacre du protestant Coligny! Un autre pape, dans une allocution solennelle, ne glorifia-t-il pas l'assassinat du roi de France Henri III, dans un langage lyrique emprunté aux prophètes, et n'éleva-t-il pas le meurtrier bien au-dessus de Judith (1) ! »

PAR RAPPORT A L'ÉLECTION

Q. — Qu'est-ce que l'élection?

R. — La façon dont on devient l'élu de Dieu dans le royaume du ciel.

Q. — Y a-t il beaucoup d'élus?

R. — Non, car au dire des plus grands saints à peine si une âme sur dix mille est sauvée.

Q. — Quelles sont les âmes qui sont sauvées?

R. — Celles, d'après le christianisme primitif, que Dieu a choisies de toute éternité.

Q. — Le christianisme moderne n'entend-il pas l'élection de la même façon?

R. — Non, parce qu'on s'est aperçu un jour que la

(1) Quand la nouvelle du massacre des protestants (1572) arriva à Rome, Grégoire XIII étant pape, on fit beaucoup de fêtes et de processions, on frappa des médailles, et on écrivit plusieurs apologies du massacre. Le roi d'Espagne Philippe II ne tarit pas aussi d'éloges pour Charles IX, quoique le duc d'Albe et lui se trouvassent furieux de le voir plus catholique qu'eux-mêmes.

« Il y eut des fêtes à Rome et une franche gaîté, dit Michelet. Le pape chanta un *Te Deum* et envoya à son fils Charles IX la rose d'or. »

Quand Jacques Clément eut assassiné Henri III à Saint-Cloud et eut été tué lui-même aussitôt, le pape Clément VIII compara la mort de l'assassin à la passion du Sauveur.

doctrine de la prédestination était contraire à l'extension de l'Église. On en arrivait fatalement à ne pas se préoccuper de son salut puisque, si on devait être sauvé, tous les efforts ne pouvaient empêcher qu'on ne le fut, et que, si on ne devait pas l'être, toutes les vertus ne pouvaient vous faire entrer dans le royaume du ciel. On comprit qu'on devait laisser plus de latitude à l'action humaine, sans cependant la livrer entièrement à elle-même. Il fallait entrer dans la même voie que la Réforme en évitant les inconvénients qu'elle avait produits. La Réforme fut un progrès immense en ce sens qu'elle reconnut qu'en nous il y avait un homme; elle donna l'Écriture pour unique règle de foi et laissa à chacun le droit de l'expliquer à sa manière; mais cela créa une foule de sectes que le despotisme romain avait à cœur d'éviter, et c'est alors que les jésuites, avec ce caractère pratique qui les distingue, innovèrent, en 1588, la théorie de Molina, dans laquelle le libre-arbitre se trouve remplacé par *la grâce suffisante* qui donne le pouvoir de faire le bien, mais n'est pas suivie d'effet, et la *grâce efficace* qui est suivie d'effet et par laquelle on exécute ce que Dieu exige de nous. Cette théorie qui n'est que superficielle contient la même immoralité que la théorie de l'élection de Paul puisqu'il y a toujours une grâce spéciale qui divise l'humanité en élus et en non-élus, et que Dieu, dans sa méchanceté infinie, n'a créé la plupart des hommes qu'uniquement pour leurs malheur, mais elle a suffi pour échafauder le système qui, retenant les fidèles au sein de l'Église, tend à leur faire croire que les pratiques religieuses suffisent pour assurer leur salut (1), quand il n'y a au fond que damna-

(1) Cette théorie de la grâce qui rappelle Origène est contraire au véritable esprit du christianisme. « L'homme naturel » écrit

tion, oui, damnation partout et toujours, damnation éternelle.

Pascal « en qui ne s'est pas fait l'opération de la grâce, est tellement condamné aux ténèbres qu'il ne peut même s'assurer où est la lumière, ni si la religion qui la lui offre la possède en effet. Mais voici un autre moment ; cette grâce puissante ayant agi, tout change : je vois, je sais, je crois. Nous sommes assurés de Dieu et par lui de tout le reste. » Et Pascal entend ici parler de la grâce d'en haut, de la seule, qui n'appartient qu'à celui que Dieu a marqué du sceau de son élection, et il combat à outrance les subtiles distinctions des jésuites qui changent tout l'esprit de la religion et font la loi à Dieu même. Pascal entre en plein dans la grande querelle des jansénistes contre les molinistes ; il est avec Jansénius et Jean Duvergier de Hauranne qui soutiennent la logique inexorable de saint Paul et de saint Augustin. Les Jésuites ont eu à sauver, non la religion, mais *la société religieuse et la domination papale*, et ils se sont faits les éditeurs de la dévotion aisée et du salut facile. La religion chrétienne, organisée comme elle est, est celle qui rapporte de l'argent aux prêtres ; ceux-ci soutiendront toujours qu'elle est la bonne et la véritable, et tant qu'il y aura des dupes sur terre, on en trouvera qui croiront religieusement gagner le paradis moyennant finances.

SECTION III

DISCOURS SUR LA RELIGION

Q. — Résumez vos opinions sur l'Église.

R. — Tout ce que la religion chétienne nous présente comme des principes de morale pure ne lui appartient pas et tout ce qui lui appartient est dépourvu de caractère moral, ce qui s'explique aisément puisque la moralité a sa source dans cette nature de l'homme que la religion a en horreur, qu'elle abaisse autant quelle peut et avilit, et dont elle condamne toutes les manifestations pour se jeter dans un divinisme qui n'offre pas lui-même les caractères moraux qu'exigerait un grand régulateur de l'univers.

Le mépris de la femme, la polygamie, l'inceste même, sont les tristes héritages de préceptes contre le mariage ; aussi bien ces préceptes constituent-ils une négation de l'amour pour l'enfant, le plus pur et le plus saint de tous les êtres et celui qui a le plus de droits à notre affection.

Refuser de reconnaître la famille, c'est d'avance condamner la Société qui n'est qu'une famille étendue ; et la Société n'ayant pas d'existence reconnue, le travail qui doit la faire vivre est inutile et dédaigné. Par suite, ce que produit le travail: la propriété, la civilisation, le progrès toujours laborieusement obtenu, sont l'objet d'une condamnation générale.

Et qui se permet de condamner? Un clergé qui lui-même n'a pas ce caractère de pureté absolue qu'on exige de ceux qui s'arrogent un droit supérieur de censure sur les choses humaines, et qui agit en vertu d'une raison divine non pas si péremptoirement établie qu'il puisse s'en prévaloir pour condamner la raison humaine aujourd'hui triomphante.

C'est elle, c'est cette raison humaine, qui déclare immorale cette doctrine du salut à l'aide de laquelle on exige de nous, avec la plus grande intolérance, une obéissance aveugle, passive; et nous nous refusons à subir une loi d'esclavage, à nous attacher, comme des serfs à la glèbe, sans aucun sentiment de révolte, même

Diderot.

au fond de notre cœur, à une religion qui, incapable de contenter notre raison sur cette terre et ne nous donnant pas les hautes idées de moralité qu'on trouve chez les philosophes de l'antiquité et chez les écrivains modernes, ne nous assure pas non plus, à tous également, une vie future excellente, et ménage pour quelques seuls privilégiés l'efficacité de la grâce divine.

Nous n'avons ni à admettre la fatalité, ni à chercher à annihiler une conscience que nous sentons libre de toute volonté supérieure. Nous savons par nous-mêmes juger du vrai et du faux, du juste et de l'injuste, du beau et du laid. Nous n'acceptons pas la sujétion à un Dieu avec lequel nous aurions à débattre comme avec un marchand de haillons les conditions de notre salut ; nous nous refusons à subir le livre du destin, à dire : « Je résigne à Dieu ma vie, mes plaisirs présents, sous condition d'en recevoir en échange une vie de plaisirs futurs qui valent infiniment mieux (1). » Nous sommes d'autant plus tranquilles sur la vie future que, ainsi que l'assure

(1) Diderot, de qui sont ces paroles, naquit à Langres, en 1713, d'un père qui était coutelier. C'est, avec Voltaire, l'esprit le plus fécond du XVIII⁰ siècle, et il a, de plus que Voltaire, une grande largesse d'idées, une franchise à toute épreuve et un tempérament plein d'activité et de courage. En même temps, il fut mathématicien, philosophe, littérateur, critique, artiste. Grimm a dit de lui : « C'était la tête la plus encyclopédique qui pût exister. » Dès le collège des jésuites, dès le collège d'Harcourt, il montre les dispositions les plus favorables pour l'étude. « Ce qui étonne » dit Naigeon dans sa notice sur Diderot « c'est qu'il fut entraîné toute sa vie par un penchant presque invincible vers la géométrie et les sciences exactes. » En philosophie, il a été le chef du matérialisme du XVIII⁰ siècle et son œuvre eut une influence politique énorme, car l'Encyclopédie, plus encore que J.-J. Rousseau et Voltaire, donna le branle à la Révolution française. Il se montra toujours un adversaire redoutable de la monarchie de droit divin, despotique et funeste, établie en France. On lit dans les *Pensées philosophiques :* « Il me semble qu'on a confondu les idées de Père avec celles de roi. Peuples, ne permettez pas à vos prétendus maîtres de faire même le bien contre votre volonté. La véritable notion de la propriété entraînant le droit d'us et d'abus, jamais un homme ne peut être la

Bossuet, les prêtres lorsqu'ils parlent des esprits ne savent pas trop ce qu'ils en disent. Nous ne pouvons accepter comme loi unique : « le Seigneur a dit » ; enfin, notre foi en Dieu n'est ni complète, ni irréfragable, car « si nous tenions à Dieu par l'entremise d'une foi vive, si nous tenions à Dieu par lui, non par nous ; si nous avions un jour et un fondement divin, les occasions humaines n'auraient le pouvoir de nous ébranler comme elles ont ; notre fort ne serait pas pour se rendre à une si faible batterie ; l'amour de la nouvelleté, la contrainte des Princes, la bonne fortune d'un parti, le changement téméraire et fortuit de nos opinions, n'auraient pas la force de secouer et altérer notre croyance : nous ne la laisserions pas troubler à la merci d'un nouvel argument, et à la persuasion, non pas de toute la rhétorique qui fut oncques, mais nous soutiendrions ces flots d'une fermeté inflexible et immobile. Si ce rayon de la divinité nous touchait aucunement, il y paraîtrait partout (1) ».

propriété d'un souverain. » C'est lui qui a fait ces vers célèbres :

> « La nature n'a fait ni serviteur, ni maître,
> Je ne veux ni donner, ni recevoir de lois.
> *Et ses mains ourdiraient les entrailles du prêtre*
> *A défaut d'un cordon pour étrangler les rois.* »

(1) Ceci est de Montaigne, philosophe français, né en 1533, mort en 1592. Élevé par son père dans la connaissance presque exclusive des auteurs latins, il montra dans la langue française qui se formait alors (François Ier venait de l'introduire dans les actes publics) une supériorité qu'il n'a point perdue. Avec son ami La Boétie, il publia le traité de *la Servitude volontaire.* Esprit mélancolique, ce fut pour se distraire que, retiré dans son château, il écrivit ses *Essais,* dans lesquels il ne croit guère qu'à l'amitié humaine et se montre fort sceptique sur tout le reste, comme généralement ceux qui ne sacrifient qu'à la droite raison.

C'est ce rayon, c'est cette preuve tangible, c'est ce miracle qui nous manque. Une illusion d'optique intellectuelle, provenant de cette faculté de l'idéal, de cette imagination, qui, mal dirigée, fait tant de mal à l'humanité, a transporté l'homme hors de lui, dans un être créé par lui, à sa ressemblance, dont il a fait l'objet de son culte et qu'il a doué de toutes les facultés qui lui sont propres, mais qu'il a étendues jusqu'à l'impossible. Le fantoche créé, l'homme s'est imaginé avoir été créé par le fantoche. Placé en face de ce grand problème, le monde et lui, il a eu recours à une hypothèse pour se l'expliquer.

La Terre avait peuplé le Ciel, elle se dit que c'était le Ciel qui l'avait peuplée. De l'hypothèse déiste ont découlé les religions, et le christianisme n'a été, comme les autres inventions de ce genre, qu'une œuvre humaine ; seulement, il n'a apporté dans le monde, en religion comme en morale, aucune vérité nouvelle. Considéré comme une fiction, le christianisme n'est qu'une théorie panthéistique ; considéré à la lettre c'est un monothéisme devenu un polythéisme anthropomorphiste, et subissant absolument la même décadence que le polythéisme romain, avec cette différence que le catholicisme possède une force d'organisation et de discipline effrayantes à considérer, mais qui ne saurait le faire vivre plus de trois cents ans après Voltaire, de même que le polythéisme romain ne vécut que trois cents ans après Cicéron.

Maintenant, si l'on considère le christianisme comme religion sociale, on doit admettre que ses résultats ont été désastreux, qu'ils ont reculé la civilisation de près de quinze siècles, et le christianisme est encore plus condamnable comme socialisme que comme religion.

Comment le christianisme n'aurait-il pas fait reculer

6.

l'humanité ? L'auteur du genre humain ne l'a créé que pour le prendre en haine. Il regarde l'humanité comme une masse de perdition vouée à des supplices atroces et éternels. Tous, nous ne venons au monde un moment qu'afin d'aller brûler éternellement dans l'enfer ; nous menons, selon l'expression de Pascal « cette vie du chrétien qui est un sacrifice continuel qu'achève la mort, (1) » pour finir par la damnation. Non pas que nous soyons exactement tous damnés, mais les quelques êtres que Dieu a marqués constituent une rare exception parmi la multitude des hommes. C'est pour ces êtres que Dieu a accepté la rançon de son propre Fils. Tous les hommes sont appelés aux mérites de ce divin sacrifice mais par une duperie étonnante il ne profite qu'aux seuls prédestinés.

Le sacrifice de la croix efface dans celui qui a la foi et qui a reçu le baptême, la souillure du péché originel mais il n'efface pas les suites de ce péché. Le chrétien reste soumis à la triple concupiscence, aux misères de la vie, à la mort. Le chrétien doit renoncer à sa nature, à sa vie ; il doit être, quoique vivant, mort à tout et surtout à lui-même ; il doit dépouiller l'antique Adam et revêtir le nouveau Jésus, s'il veut ressusciter avec Dieu, s'il est prédestiné.

Oui, le chrétien doit mourir dans son corps et dans son âme. Dans son corps en mortifiant sa chair par la virginité, l'abstinence, la pénitence (2), le jeûne, les

______

(1) Platon a dit : « Toute la vie du philosophe n'est qu'un apprentissage de la mort. »

(2) C'est peut-être ici le lieu de dire un mot de la confession. Ouvrons le *Dictionnaire philosophique* de Voltaire : « Le repentir de ses fautes » dit-il « peut seul tenir lieu d'innocence. Pour paraître s'en repentir, il faut commencer par les avouer. La confession est donc presque aussi ancienne que la société

Voltaire.

macérations; dans son âme en mortifiant son intelligence par la négligence de la science, de l'art, par l'a-

civile. » Après avoir rappelé que la confession existait dans les
mystères d'Égypte, de Grèce, de Samothrace, qu'on lit, dans la
vie de Marc-Aurèle, que lorsqu'il voulut se faire initier aux
mystères d'Eleusis, il se confessa à l'hiérophante, et que les
chrétiens la prirent des rites juifs, il ajoute: « Du temps de
Constantin on confessa d'abord publiquement ses fautes publiques. Au V⁰ siècle, après le schisme de Novatus et de Novatien,
on établit des pénitenciers pour absoudre ceux qui étaient
tombés dans l'idolâtrie... On prétend que la confession auricu-
laire ne commença en Occident que vers le VII⁰ siècle... »
La confession, telle qu'elle se pratique aujourd'hui, n'a d'existence véritablement canonique qu'à partir du Concile de Latran tenu en 1215. Le pape Innocent III la consacra.
Quant à ses bienfaits?... Reprenons d'abord Voltaire : « Le
bien que la confession fait est d'avoir, quelquefois, obtenu des
restitutions de petits voleurs. Le mal est d'avoir, quelquefois,
dans les troubles des États, forcé les pénitents à être rebelles et

néantissement de sa raison dans la foi, par sa croyance

sanguinaires en conscience... Ce remède salutaire se tourna de tout temps en poison. Les assassins des Sforze, des Médicis, des princes d'Orange, des rois de France, se préparèrent au parricide par le sacrement de la confession. Louis XI, la Brinvilliers, se confessaient dès qu'ils avaient commis un grand crime, et se confessaient souvent, comme les gourmands prennent médecine pour avoir plus d'appétit. »

Voltaire cite des exemples qui prouvent que le secret de la confession n'est guère tenu. Mais consultons les *Mémoires* du comte de Montlosier contre les jésuites et le *parti prêtre* qui firent tant de bruit sous la Restauration. On y lit : « La confession, telle que les apostoliques instituteurs l'ont entendue, semble n'avoir eu pour objet que les larges fautes, crimes, ou approchant du crime. Pour un grand plan de domination, cette surface était trop réservée. Depuis longtemps, et surtout depuis l'apparition des missions, des congrégations et des jésuites, elle s'est étendue, et bientôt, elle a tout envahi, elle est devenue la source d'une multitude d'abus ; non seulement, comme je m'en suis assuré, dans tous les rapports directs du confesseur et du confessé, où les recherches, les investigations de fantaisie ou de curiosité, pour ne rien dire de plus, sont devenues continues et intolérables, mais encore, comme je m'en suis assuré aussi, dans les rapports de prêtre à prêtre. Ici, un jeune vicaire, sous prétexte de s'instruire auprès de son curé, le curé lui-même auprès de son supérieur, au sujet de règles qu'il a à suivre en tel et tel cas, étale tellement les détails de ces cas et les confidences qui lui sont faites, que dès ce moment l'intérieur d'une famille est à découvert... D'après ces rapports continus, soit des prêtres entre eux, soit avec leur supérieur au sujet des confessions qui leur sont faites, d'après toutes les questions que, dans les confessions ou hors des confessions, le prêtre se permet d'adresser aux domestiques sur la conduite de leurs maîtres, aux enfants sur la conduite de leurs parents, on comprend le trouble qui doit en résulter dans la société. »

Par la confession poussée au point où elle est aujourd'hui, les actions les plus intimes, *jusqu'à celles du lit conjugal*, doivent être révélées au prêtre.

C'en est assez pour faire apprécier l'excellence de l'institution et l'on a vu, plus d'une fois, le sourire narquois d'un prêtre se

sans bornes dans les mystères. Il est l'esclave abruti du Seigneur (1).

L'homme n'étant que néant par lui-même est incapable d'accomplir aucun acte méritoire aux yeux de Dieu. On couronne dans l'élu le mérite de sa foi, mais cette foi ne vient pas de lui, elle vient de Dieu qui a bien voulu la lui donner, d'où il s'ensuit que ce n'est pas l'homme qui est récompensé, mais Dieu qui se récompense lui-même.

La religion ne serait donc qu'une sorte de jeu indigne que la divinité se ferait des hommes, si elle ne servait à l'entretien d'un groupe considérable de sectaires. Ces sectaires, tout exploiteurs qu'ils soient, ne sont que des instruments. En effet, ce n'est pas le clergé uniquement qu'il faut accuser de conduire l'homme à une bestialité, à un anéantissement de la plus révoltante immoralité, c'est la religion elle-même, la religion telle que les catholiques l'ont faite, ce sont les pères de l'Église tout autant que les papes et les Conciles, qui ont accompli cette belle œuvre.

Ne tenons donc jamais ce langage : la religion est une bonne chose en elle-même, ce sont les prêtres qui la gâtent. Non, les prêtres sont dans la logique de la religion. Tout ce qu'on peut exiger des prêtres, c'est un compte sévère de leurs plus minces actions. On peut leur crier, avec Victor Hugo : « Ce foyer qu'on appelait l'Italie, vous l'avez éteint. Ce colosse qu'on appelait

promener du visage du mari à celui d'une malheureuse femme qui rougissait de pudeur offensée. Mais pour savoir au juste à quoi s'en tenir sur la confession, il suffit amplement de lire les traités écrits sur ce sujet, traités destinés surtout à guider les jeunes confesseurs dans leurs investigations.

(1) C'est l'application du fameux : Je crois parce que c'est absurde, et du non moins fameux : Abêtissez-vous.

l'Espagne, vous l'avez miné. L'une est en cendres, l'autre est en ruines. Voilà ce que vous avez fait de deux grands peuples. Qu'est-ce que vous voulez faire de la France ? » et garder le gouvernement de la France de leurs griffes. On peut les rompre, les mater. On peut les empêcher de nuire, en les faisant surveiller de très près par une police sévère, en empêchant toute entente entre les membres d'une association prodigieusement malfaisante, en déclarant déchus des droits du citoyen, et, en conséquence, soumis aux lois sur les étrangers tout individu suspect d'obéissance à une autorité étrangère au pays sur le sol duquel il est né, en privant les prêtres du droit de possession collective ou même individuelle (1); mais on ne saurait empêcher leur action dissolvante et pernicieuse sur les consciences, c'est-à-dire véritablement anéantir les prêtres.

(1) Trois principes existent aujourd'hui chez les esprits libéraux : 1° l'abolition de la main-morte (condition des biens des corps ecclésiastiques qui sont inaliénables et ne sont point soumis aux droits de mutation), ce qui rendrait aux peuples les grands biens que les moines détiennent et au fisc des rentrées précieuses; 2° l'obligation pour tous du service militaire, qui ne permettrait plus de voiler d'une robe noire des sentiments d'une bravoure douteuse; 3° la suppression du budget des cultes qui laisserait le soin d'entretenir les prêtres à ceux qui en ont besoin, ce qui est de toute justice. Il ne faut pas confondre ces mesures avec ce qu'on entend par la séparation de l'Église et de l'État, séparation qu'on voudrait opérer sans même confisquer les biens des congrégations religeuses, conception par laquelle on professe l'indifférence absolue en matière de religion, ce qu'on pourrait faire au point de vue du dogme, mais non point en face de l'organisation cléricale; loin de lui laisser une liberté sans entraves, loin de s'en détacher, l'État doit garder le clergé à sa discrétion, abolir les congrégations et supprimer le budget des cultes, mais demeurer de plus en plus maître du clergé, et le soumettre rigoureusement à sa police.

qu'en les frappant dans leur sacerdoce même, c'est-à-dire en frappant la religion, car c'est la religion qui est nuisible, funeste, qui permet l'exploitation éhontée de l'humanité.

Il faut prendre le mal dans sa racine et couper la racine. Le clergé forme les branches et les feuilles chargées de répandre le poison contenu dans le tronc, que le tronc s'abatte et les branches et les feuilles se dessécheront.

Toute tentative de conciliation est désormais impossible. Ce qu'il y avait à faire en ce sens a été tenté. Les jésuites ont fait leur possible pour accommoder l'Église aux temps ; des philosophes ont essayé une réconciliation de la nature et de la religion : les uns et les autres ont échoué dans leur folle entreprise. Saint Paul n'avait-il pas dit : « La sagesse de ce monde est folie devant Dieu. Prenez garde de raisonner, car si vous alliez démontrer la foi et paraître sage selon le monde, vous seriez perdu aux yeux de Dieu. » Les philosophes sont retournés à la science et les jésuites en sont arrivés à l'Infaillibilité.

Mais les religions ont la vie dure. « Cette religion qui est faite pour extirper les vices : elle les ouvre, les nourrit, les incite » (1) ; on la voit en quelque sorte se survivre à elle-même par l'empire de l'habitude et de l'éducation.

Le Christ est tombé en poussière. Les cieux sont vides.

Cependant, le christianisme clérical est debout, infaillible, avec tous ces dieux et toutes ces déesses

(1) Montaigne dit : « Comparez vos mœurs à un mahométan, à un païen, vous demeurerez toujours en dessouds. »
Boutteville dit : « Il n'y a de religion vivante que celle qui, en satisfaisant l'intelligence autant que le cœur, s'empare de la

branlants sur leur piédestal comme les dieux du paganisme sous Théodose, et le mal continue, car « il n'est
pas toujours sûr » comme le dit Benjamin Constant (1)
« que telle religion fasse du bien pendant qu'on y croit,
mais il est toujours sûr que toute religion fait du mal
quand on n'y croit pas ; » et « l'influence des idées
religieuses, » dit A. Comte (2) « même supprimée...

volonté et possède l'homme tout entier. A ce titre, je n'hésite
pas à le dire, le christianisme n'existe plus. »

> Ta gloire est morte, ô Christ ! et sur nos croix d'ébène
> Ton cadavre céleste en poussière est tombé,

a écrit Alfred de Musset.

> Dans ces vastes hauteurs où mon œil s'est porté
> Je n'ai rien découvert que doute et vanité,

a écrit Lamartine.

Et comme si l'iconographie catholique devait fatalement suivre la religion, le corps du Christ dont on faisait autrefois le
type de la perfection des formes humaines, n'est plus qu'un
cadavre hideux et décomposé.

(1) Benjamin Constant de Rebecque, publiciste et orateur, né
à Lausanne le 25 octobre 1767, mort en 1830.

(2) Auguste Comte, fondateur de l'École positiviste, né à Mont-
pellier en 1798, mort en 1857. Mathématicien et philosophe.
Voici ce que Littré a dit de lui : « M. Comte fut illuminé des
rayons du génie. Celui qui, à l'issue de la mêlée confuse du
XVIII⁰ siècle, aperçut, au commencement du XIX⁰, le point fixe
ou subjectif qui est inhérent à toute théologie et à toute métaphysique ; celui qui forma le projet et vit la possibilité d'élimi-
ner ce point, dont le désaccord avec les spéculations réelles est
la grande difficulté du temps présent ; celui qui reconnut que
pour parvenir à cette élimination, il fallait d'abord trouver la
loi dynamique de l'histoire et la trouva ; celui qui, devenu par
cette immense découverte maître de tout le domaine du savoir,
pensa que la sûre et féconde méthode des sciences particulières
pouvait se généraliser et la généralisa ; enfin celui qui, du même
coup, comprenant l'indissoluble liaison avec l'ordre social, d'une
philosophie qui embrassait tout, entrevit le premier les bases

strictement et constamment réduites à leur moindre développement, constitue aujourd'hui chez les peuples les plus avancés, le principal obstacle aux grands projets de l'intelligence humaine et aux perfectionnements généraux de l'organisation sociale. »

Il faut donc que, d'une façon définitive, il soit rompu avec la foi chrétienne : c'est une chose faite, mais il faut la parfaire. Sur ce point catholiques et protestants, jansénistes et molinistes sont d'accord. Les uns écrivent : « Les progrès immenses qu'ont fait depuis quelques temps les sciences naturelles m'inspirent les craintes les plus vives, je ne dirai pas pour la théologie, mais pour le christianisme lui-même ; » les autres : « Une partie de la société nous hait, sur l'autre nous avons peu d'ascendant ; » ou encore : « *La raison des hommes d'État, la raison des hommes de génie, la raison populaire, se sont élevées contre la doctrine catholique et la repoussent aujourd'hui de convention* (1). »

du gouvernement rationnel de l'humanité : celui-là, dis-je, mérite une place, et une grande place, à côté des plus illustres coopérateurs de cette vaste évolution qui entraîna le passé et entraînera l'avenir. »

(1) Daniel Stern (madame d'Agout), a écrit : « L'Église catholique règne encore, non assurément sur l'esprit et le cœur de la société française, mais sur ses habitudes, et, là où les principes sont si faibles et les passions si mobiles, commander aux habitudes, n'est-ce pas en réalité commander à l'existence ? »

C'est toujours la même chose à la fin des religions. « Il y avait » dit V. Duruy, en parlant de Rome « *ce qui se voit souvent*, beaucoup de religiosité et peu de religion. Chose remarquable ! dans les deux cent quarante-sept lettres de Pline-le-Jeune, il n'est pas une seule fois question des dieux. La religion, en tant qu'influence morale, n'existe pas pour lui. Il achètera bien une statue pour en décorer une place à Côme, il relèvera près de ses domaines un sanctuaire écroulé ; il bâtira un temple à Tifernum pour faire montre de sa munificence ;

Abandonnons donc complètement la religion et réfugions-nous dans la PHILOSOPHIE, produit de toute raison et source de toute morale. « O philosophie, seule capable de nous guider à travers la vie ! Toi qui enseigne la vertu et qui dompte le vice, que serions-nous sans toi, nous et tous les hommes ? C'est toi qui as enfanté les villes en inspirant aux hommes épars l'amour de la société ; c'est toi qui leur as fait rapprocher leurs demeures, contracter des unions saintes, inventer une langue et une écriture communes. C'est toi qui as dicté les lois, formé les mœurs, civilisé les peuples. Ta puissance nous donne la tranquillité de la vie et nous ôte la terreur de la mort. »

mais du gouvernement du monde par les dieux, du rôle de la religion dans la vie, il ne prendra nul souci. Il croit aux belles lettres, à l'honneur, à la probité, à toutes les vertus civiques, et laisse les immortels végéter dans l'Olympe. Il ne les discute point en philosophe, il ne les honore point en croyant. Pour lui, ils sont comme s'ils n'étaient pas, à moins qu'ils n'aient quelques fonctions publiques à remplir, parce que,- dans ce cas, ils font partie du cérémonial traditionnel. »

Rappelons encore l'*Argument du pari* qui est devenu si célèbre dans Pascal et que Platon avait tenu avant lui. Ce dernier fait dire à Socrate qu'il croit fermement à la vie future, et il ajoute : « Si ce que je dis là est vérité, j'ai donc bien fait de le croire Si, au contraire, je n'ai rien à attendre après ma mort, je gagnerai d'avoir pu, pendant ce qu'il me reste de temps avant que de mourir, ne pas ennuyer ceux qui m'entourent de mes plaintes... *Je me risque volontiers sur cette croyance, car c'est un beau risque à courir.* » C'est bien là le raisonnement du monde, mais il est temps que le monde entre dans la voie de la vérité et ne vive plus d'indifférence ou de chimères.

TROISIÈME PARTIE

DE LA MORALE

DE L'HOMME

Q. — Qu'est-ce que l'homme?

R. — L'homme est un être animé, possesseur d'une raison assez droite et étendue pour qu'il se rende un compte exact de son passé et de sa nature propre, des actes qu'il engendre, de la nature qui l'entoure et de ce qui en émane, qui possède une volonté capable de régler ses aspirations et ses besoins, et un caractère qui lui permet de vivre en société et d'employer ses forces créatrices et productrices au bien-être particulier ou général (1).

(1) *Homme.* Animal raisonnable qui occupe le premier rang parmi les êtres organisés, et qui se distingue des plus élevés d'entre eux par l'étendue de son intelligence et par la faculté d'avoir une histoire, c'est-à-dire la faculté de développer, d'agrandir sa nature grâce à la communication avec les ancêtres et d'augmenter ses richesses intellectuelles et morales. (En ce sens, c'est un terme d'espèce qui comprend les deux sexes.)

Q. — Qui a doué l'homme de son intelligence?

R. — L'homme forme lui-même son intelligenc[e]. *L'idée* ou *esprit* est de l'ordre matériel.

L'homme dans sa gloire.

Q. — Qu'est-ce que l'Idée ou Esprit?

R. — L'*Idée* ou *Esprit* est ce que produit notre cerveau sous certaines influences physiques et chimiques et dont l'essence se nomme la *Raison*. « Les sens sont la source première de toutes nos connaissances, » dit Charles Bonnet (1) « nos idées les plus abstraites dérivent toujours de notre sensibilité. L'esprit ne crée rien, mais il opère sans cesse sur cette multitude de perceptions diverses qu'il acquiert par le ministère des sens. » Plus nos ancêtres ont mis leurs sens en

(1) Charles Bonnet, philosophe, né à Genève en 1720, mort en 1793. A dix-huit ans, c'était déjà un naturaliste célèbre, mais devenu aveugle, il s'adonna à la philosophie.

rapport avec les objets et nous ont transmis, par hérédité, de sensations acquises, plus les rapports que nos sens ont avec les objets sont parfaits, nombreux, divers, et plus ils manifestent à l'esprit la qualité de ces objets, plus encore les perceptions de ces qualités sont claires, vives et complètes. Or, plus l'idée que l'homme acquiert, d'un objet est complète plus l'idée réfléchie qu'il s'en forme est distincte et nette : cette idée réfléchie est la raison.

Q. — Quelles sont les connaissances certaines?

R. — « Il n'y a de connaissances réelles » dit Comte « que celles qui reposent sur des faits observés ». Et reprenant cette thèse, H. Spencer (1) nous dit : « Toute connaissance vient de l'expérience, voilà ce que soutient M. Comte, et c'est aussi ce que je soutiens, mais je le soutiens dans un sens plus large que lui, car non-seulement je pense que toutes les idées acquises par les individus et, par conséquent, toutes les idées transmises par les générations passées, dérivent de cette source, mais je pense aussi que les facultés elles-mêmes qui servent à l'acquisition de ces idées, sont le produit des existences accumulées, organisées, transmises par les générations antérieures. »

Q. — De sorte que si l'on suppose un homme à l'état primitif, que se passe-t-il?

R. — Cet homme jouit du jeu de ses organes : c'est l'instinct. Il le développe, il le transmet plus étendu, et ainsi de suite. Il y a habitude. L'habitude conduit à l'expérience, premier développement intellectuel. L'impulsion est donnée. La vitesse est acquise. L'espèce se développe. L'homme arrive à la raison.

Q. — L'homme agit-il indépendamment?

____

(1) Herbert Spencer, physiologiste anglais contemporain.

R. — *Oui*, *dans sa nature intrinsèque*, parce que comme l'affirme Aristote : « l'homme est le générateur de ses actes, bons ou mauvais, de ses vices et de ses vertus, et que les uns et les autres sont également imputables à sa volonté » ; *non*, *dans sa nature extrinsèque*. parce que, comme le dit Boutteville (1) « L'homme est par nécessité soumis aux lois de son organisme et du milieu dans lequel il vit. Il ne jouit pas de sa liberté vis-à-vis des lois de la nature. Sa liberté n'existe que par rapport aux dérivés de la nature, et c'est en pleine liberté qu'il peut consentir les lois propres à le régir, lui et ses semblables ; c'est-à-dire qu'il a usé d'une *volonté efficiente*, appelée *libre arbitre*, pour définir le bien et le mal et accomplir sa destinée, dont il est le maître jusqu'aux limites de la nécessité. »

Q. — Comment les péripatéticiens définissaient-ils l'homme ?

R. — L'école d'Aristote pense ainsi : « L'homme est, par nature, un être sensitif, intelligent et moral. Comme être sensitif, doué de sensibilité physique, il recherche le plaisir et fuit la douleur ; il tient à l'intégrité de son corps, à la santé, à la force, à la beauté ; il déteste les infirmités, les mutilations, la débilité, la laideur. *Comme être intelligent, il désire, il recherche la science et la vérité, il repousse l'erreur et l'ignorance. Comme être moral, l'homme aime l'honnêteté et la vertu, il hait le vice et le crime.* »

Q. — D'après cette doctrine l'homme serait un être enclin à la bonté tandis qu'on nous le donne généra-

(1) Boutteville, professeur contemporain qui eut l'honneur de perdre sa chaire pour avoir manifesté, sous le règne de Napoléon III, le libéralisme de ses opinions.

lement comme doué d'une nature foncièrement mé-
chante?

R. — Cette erreur provient de fables trop longtemps
accréditées et ne tient qu'aux préjugés qu'elles ont en-
gendrés. Non, l'homme n'est pas méchant, *il est bon
par essence.* Comme être pensant, il est appelé aux
sublimes spectacles de l'intelligence, il a besoin de
science et d'art, il aime le beau et le vrai. Il faut croire
avec Cicéron (1) « *que les hommes, généralement parlant,
ont des dispositions manifestes aux qualités nécessaires à
l'humanité, comme la justice, la tempérance et toutes autres vertus de la même espèce;* qu'ils se portent à ces
vertus avec le zèle le plus noble et l'ardeur la plus
vive; qu'ils ont une envie naturelle de savoir ou plutôt
un désir inné de s'instruire; qu'ils semblent faits pour

(1) Cicéron, né l'an 647 de Rome (106 avant notre ère). Mis à
mort par les satellites d'Antoine en 43 av. J.)

Il acquit de bonne heure une réputation d'avocat habile et
entra dans l'administration. Tout le secret de sa conduite ver-
satile et de son ambition se trouve renfermé dans ce que Plutarque dit de la manière dont il comprit l'habileté politique :
« Voyant, dit Plutarque, que les ouvriers qui n'emploient que des
outils et des instruments inanimés savent en détails les noms et
les usages de chacun d'eux, il sentit qu'un homme politique
appelé à se servir des autres hommes devait les connaître et savoir ce dont ils étaient capables. Il s'attacha donc non seulement
à retenir les noms des plus considérables, mais encore à savoir
leur demeure à la ville et à la campagne, à connaître leurs voisins, leurs amis. » A l'âge de trente ans, il considéra son noviciat
comme terminé, et s'il resta aussi brillant dans le Forum que
dans ses écrits, il ne perdit pas une minute de vue la puissance
et le pouvoir. En même temps le plus grand orateur et le plus
grand prosateur latin, il a laissé des ouvrages philosophiques
qui sont des monuments historiques et des modèles de style.
Cicéron n'a pas eu de doctrine à lui, mais aucun n'a résumé
avec une logique plus serrée et plus ferme et n'a mieux exposé
les idées philosophiques des autres.

vivre ensemble, pour former en commun la société du genre humain, et que ces sentiments-là brillent du plus vif éclat dans les plus grands esprits. »

Q. — J.-J. Rousseau n'a-t-il pas réfuté les théories qui assimilent l'homme aux animaux les plus malfaisants?

R. — Oui, de cette façon : « Si la bonté morale est conforme à notre nature, l'homme ne saurait être sain d'esprit ni bien constitué qu'autant qu'il est bon. Si elle ne l'est pas et que l'homme soit méchant naturellement, il ne peut cesser de l'être sans se corrompre et la bonté n'est pour lui qu'un vice contre nature. Fait pour nuire à ses semblables comme le loup pour égorger sa proie, un homme humain serait aussi dépravé qu'un loup pitoyable, et la vertu seule nous laisserait des remords. »

Socrate.

Q. — Il est bien certain, n'est-ce pas, que le vice

seul nous laisse des remords et que c'est dans les actions vertueuses que nous trouvons la consolation et le bonheur?

R. — Oui, tout notre bonheur est dans la vertu. Dès que nous connaissons le bien, ainsi que l'affirme Socrate (1), nous l'aimons. « Haïr le bien » dit Fichte (2) « parce qu'il serait le bien, aimer le mal, parce qu'il serait le mal, c'est là une sorte de dépravation que je ne saurais attribuer à aucun être ayant visage humain, elle n'appartient pas à la nature humaine. »

(1) Socrate; il naquit dans la 4ᵉ année de la LXXVIIᵉ olympiade (469 av. notre ère) et il mourut la 4ᵉ année de la XCIVᵉ olympiade ou la première de la XCVᵉ. On connaît Socrate par ce que les autres nous ont gardé de lui, par Xénophon qui en fait un des principaux personnages de son *Banquet,* par Aristophane qui en fait le principal personnage de sa comédie des *Nuées*, par Platon qui remplit de lui tous ses écrits, mais ne lui prête peut-être pas toujours les paroles qu'il eût pu prononcer. La devise de Socrate était : Connais-toi toi-même. Il se comparait lui-même à sa mère qui était sage-femme, et disait qu'il accouchait non les corps, mais les âmes en mal d'enfant. Il disait que la philosophie est la connaissance de la nature morale de l'homme, que la raison tient du recueillement; il associait la femme à l'homme, voulait que l'esclave fût traité comme l'homme libre, et Xénophon nous dit qu'il préférait définir la justice par ses actes plutôt que par ses paroles. Lorsque Melitus l'accusa de ne pas reconnaître les dieux de la République, voyant qu'il ne fuyait pas devant les nombreux ennemis que la franchise de son langage lui avait créés, un de ses amis lui dit : « Socrate, ne devrais-tu pas préparer ta défense ? » — « Quoi donc, répondit-il, ne vois-tu pas que je m'en suis occupé toute ma vie ? » — « Et comment cela ? » — « En ne commettant jamais d'injustice. »

Lorsqu'il fut condamné par les héliastes, il dit à ses disciples : « Il est temps de nous séparer, moi pour mourir, vous pour vivre. Qui de nous a le meilleur partage ? » Et Socrate, ayant bu la ciguë, meurt paisiblement.

(2) Fichte, philosophe allemand contemporain.

Q. — L'homme est donc bon et aimant?

R. — Oui, *l'homme est bon, il est aimant, il est aimable*, et il deviendra d'autant meilleur qu'il ne s'entendra plus répéter qu'il est méchant. L'homme n'est et ne peut être dénaturé. Il doit se sentir pénétré de la bonté qui lui est naturelle. Il aime son père, sa mère, ses parents, ses amis, sa femme, ses enfants, il vit en société, il réprouve le mal et fait le bien.

DE LA FEMME

Q. — Qu'est-ce que la femme?

R. — *La femme est l'égale de l'homme*. Antisthène [1] lui accorde « une aptitude aussi grande qu'à l'homme pour la vertu. » Et Platon prétend « qu'elle a droit à une éducation semblable à celle de l'homme. » La femme peut aspirer à toutes les fonctions, mais sans jamais oublier qu'elle est destinée à la maternité, que sa nature l'attache au foyer domestique et lui défend la vie publique. Elle est la compagne naturelle de l'homme qui lui donne tout son amour et lui demande le sien en échange.

Q. — Qu'est-ce que l'amour?

R. — L'amour est une inclination réciproque de l'homme et de la femme dont tous les sens physiques réunis forment l'attache la plus puissante et dont les autres attaches se trouvent dans l'habitude de vivre ensemble et la communauté des intérêts matériels.

(1) Antisthène est le fondateur de la secte cynique dont le nom ne venait peut-être point du mot chien, parce que les philosophes de cette secte se réduisaient sous le rapport de l'esprit et du corps au strict nécessaire, mais du Cynosarge, lieu où s'établirent ces philosophes. Antisthène fut le maître de Diogène.

Q. — Dans quoi enveloppe-t-on l'amour?

R. — Dans l'union des sexes ou mariage (1).

Q. — Comment l'homme doit-il se comporter dans le mariage?

R. — Diderot nous fournit la réponse que nécessite cette question : « Un amant, dupe de lui-même, peut croire aimer sans aimer en effet, un mari sait au juste s'il aime puisqu'il est en possession de l'objet de ses vœux; le lien conjugal est donc nécessaire à l'amour et la jouissance est la pierre de touche de l'amour. L'épreuve faite, si l'on connaît qu'on s'est mépris, il faut s'armer de patience, et, s'il est possible, substituer l'amitié à l'amour. Pour vivre heureux dans le mariage, il ne faut point s'y engager sans aimer et sans être aimé. Il faut surtout donner du corps à l'amour en le fondant sur la vertu. S'il n'avait d'autre objet que la beauté, la grâce et la jeunesse, aussi fragile que ces avantages passagers il passerait bientôt comme eux; mais s'il est attaché aux qualités du cœur et de l'esprit, il est à l'épreuve du temps. Pour acquérir le droit d'exiger qu'on vous aime, il faut travailler à le mériter. Après vingt ans, il faut être aussi attentif à plaire, aussi soigneux de ne point offenser que s'il s'agissait encore de faire agréer son amour. »

(1) L'homme doit se marier, c'est-à-dire choisir une femme ou être choisi par elle, et lui promettre sa fidélité en échange de la sienne, afin d'avoir des enfants et de créer la famille. La société civile doit être informée de la position nouvelle que les époux prennent dans son sein, car il faut que les enfants soient aux yeux du monde fils de quelqu'un, qu'ils puissent porter le nom de leur père sans qu'on leur en conteste le droit, qu'ils puissent hériter de lui et de leur mère, et c'est pour cela qu'il faut un contrat constitutif du mariage. Ce contrat est celui que l'on passe devant le maire dans la cérémonie du mariage.

Q. — L'homme ne doit-il avoir qu'une seule femme et la femme ne doit-elle être qu'à un seul homme?

R. — Oui, parce que les caractères naturels de l'un et l'autre individu étant accouplés à leur convenance, ils trouvent suffisamment à deux le contentement de leurs désirs et de leurs besoins.

Q. — Les lois ne doivent-elles pas permettre d'avoir plusieurs femmes?

R. — Non. Les lois doivent seulement permettre que des individus qui se reconnaîtraient impropres à vivre ensemble, après en avoir fait l'essai et y avoir épuisé leurs efforts, puissent se séparer.

Q. — Pourquoi la monogamie est-elle nécessaire?

R. — Parce que c'est de l'union de l'homme avec la femme que naissent les enfants. Or, les enfants constituent la famille et ils doivent être l'objet d'un égal intérêt de la part de leurs parents comme ils doivent avoir eux-mêmes un égal respect et une égale affection pour leur père et leur mère, ce qui ne saurait être quand il existe plusieurs femmes et des enfants de plusieurs lits dont les affections et les intérêts deviennent différents et jaloux. Ce que nous disons contre la polygamie, il faut l'entendre aussi de la polyandrie.

Q. — L'homme doit-il aimer sa femme?

R. — *L'homme doit aimer sa femme et la respecter;* il doit toujours avoir devant ses yeux que sa mère était une femme, que l'épouse qu'il a choisie est une partie intégrante de son corps et qu'elle est la mère de ses enfants, qu'ils ont même passé, même présent, même avenir.

Q. — Que pense de la femme Isocrate Nicoclès?

R. — Isocrate Nicoclès (1) qui, ainsi que son maître

(1) Isocrate Nicoclès, élève de Gorgias, de Prodicus et de Socrate, né en 406 av. notre ère, mort en 338. Il enseigna l'élo-

Socrate, a considéré la femme comme mère et ménagère, dit que « il n'est rien de plus cher aux hommes que leurs femmes et leurs enfants, et que les outrages faits à ces objets de leur amour sont ceux qu'ils pardonnent le moins. »

Q. — La philosophie antique s'est-elle beaucoup occupée de la femme et du mariage?

R. — Oui, beaucoup; et elle a toujours considéré l'un et l'autre comme des choses saintes et sacrées.

Q. — Qu'en pense Euripide?

R. — Euripide (1) dit : « qu'il n'est point pour l'homme dans la maladie et l'affliction *de trésor plus précieux qu'une épouse* qui gouverne bien sa famille et qu'il n'est rien de plus doux pour la femme que de partager sa tristesse et ses joies. »

Q. — Qu'écrit Xénophon?

R. — Xénophon (2) établit l'égalité entre les mérites de l'homme et ceux de la femme. Il les déclare tous deux capables de prévoyance, de mémoire, de tempérance, de vertu. Il compare les fonctions de l'homme à celles de la femme et dit *qu'ils se complètent mutuellement;* à l'homme les travaux du dehors et le soin de

quence et la rhétorique. Après la bataille de Chéronée qui livrait la Grèce à Philippe, il se laissa mourir de faim pour ne pas survivre à l'indépendance de sa patrie.

(1) Euripide, né dans la LXXV° olympiade (480 ans av. notre ère) à Salamine, où ses parents s'étaient réfugiés, ainsi que les autres Athéniens pour échapper à Xercès. Il se distingua aux exercices du corps et fut couronné aux jeux olympiques. Il étudia l'éloquence sous Prodicus de Chio. Dans ses tragédies, il a su s'élever souvent aux hauteurs de la philosophie.

(2) Xénophon, dont le style est si élégant qu'on le surnommait l'abeille de l'Attique. Il fut à la fois historien, philosophe et général des Grecs. Né vers 445 av. notre ère, il mourut vers 355. Il était disciple de Socrate.

veiller à la sûreté extérieure de la famille, à la femme le travail du dedans, la vie intérieure, la garde des provisions, la nourriture, *l'éducation et l'innocence des enfants*. Associée à l'homme, sa compagne et son égale, elle est reine dans la maison ; les soins domestiques sont pour elle de véritables plaisirs, car elle voit croître avec eux la prospérité de la famille et l'affection de tout ce qui l'entoure. Écoutez le mari que fait parler Xénophon : « Mais le charme le plus doux, ce sera lorsque devenue plus parfaite que moi, tu m'auras rendu ton serviteur, quand, loin de craindre que l'âge ne te fasse perdre de la considération dans ton ménage, tu auras l'assurance qu'en vieillissant tu deviendras pour moi une compagne meilleure encore, et pour ta maison une maîtresse plus honorée ; car la beauté et la bonté ne dépendent point de la jeunesse, mais des vertus qui les font croître dans la vie aux yeux des hommes. »

Le mariage.

Q. — Que pensent de la femme et de l'amour Antipather et Plutarque?

R. — Antipather (1) et Plutarque s'appliquent à prouver que le mariage est la plus antique, la plus nécessaire et la plus sainte des unions. Ils rejettent comme impie la prétention de certains hommes d'être affranchis du lien conjugal. « Le mariage » dit Plutarque « est l'union la plus digne et la plus sainte. *Il a trôné de tout temps au sein de la famille antique et la pudeur et la chasteté y ont toujours été en honneur.* » Aucun homme n'est exempt des obligations naturelles du mariage. N'est-ce pas un devoir que de laisser à l'État des citoyens qui le soutiennent, au genre humain des êtres qui constituent son éternité, au monde des créatures raisonnables qui en étudient les merveilles! *Le but suprême du mariage, c'est pour l'homme et pour la femme la communauté de la vie et des enfants.* Tout doit être commun entre époux, le corps, les idées, les biens, les enfants. Ils se doivent, en toutes circonstances, aide, affection, assistance, dans la maladie comme dans la santé, dans l'infortune comme dans le bonheur.

Q. — Que nous apprend Valère-Maxime?

R. — Valère-Maxime (2) nous dit que, de tout temps, « il a suffi d'être homme pour connaître toutes les tendresses, toutes les délicatesses, tout le dévouement et l'idéal du véritable amour, sentiments d'autant plus forts qu'ils sont plus honnêtes et plus purs. » Et il nous apprend que : « le divorce fut inconnu à Rome pendant cinq cent vingt ans! Sp. Carvilius, le premier, répudia sa femme pour cause de stérilité; quelque plausible que parut ce motif, on ne laissa pas de l'en blâmer, car on ne croyait pas que le désir d'avoir

----

(1) Antipather de Tarse, philosophe stoïcien, disciple de Diogène le Babylonien, dont quelques fragments nous ont été conservés par Sénèque.

(2) Valerius-Maximus, historien latin de l'époque de Tibère.

des enfants dût prévaloir sur la foi conjugale; » et il ajoute : « alors la fidélité conjugale n'avait à craindre aucun regard suborneur, on voyait les autres, on était vu soi-même, avec un respect religieux; une mutuelle pudeur protégeait les deux sexes. »

Q. — Ainsi l'antiquité se fit la plus haute idée de la femme, de l'amour, du mariage?

R. — Oui, la philosophie antique éleva tout ce qui concerne les relations et les caractères de l'homme et de la femme à son plus haut terme (1), et, au temps de l'Empire Romain, lorsque le concubinat était devenu un état légal, la philosophie n'en continua pas moins à tenir le même langage. « Il ne faut pas dire que les païens aient ignoré les droits ni la vraie dignité de la femme, car jamais on ne s'en fit une plus haute idée et l'on ne sentit mieux le prix de sa chasteté qu'au plus fort de la corruption de l'Empire. Il faut rendre cette justice aux anciens qu'ils ne savaient pas plaisanter sur les vertus de la femme, et que, même aux plus mauvaises époques, on trouverait difficilement dans les écrivains les plus légers et les plus licencieux, rien qui autorise où justifie l'adultère. Il n'y a pas dans le cœur un seul sentiment naturel et profond, dans l'imagination une seule pensée délicate, que les anciens n'aient clairement connus et vivement exprimés. »

(1) Stobée nous rapporte ces paroles de Musonius le Stoïcien : « Quiconque désire ne pas être un voluptueux et un efféminé, ne doit regarder comme des amours permises que celles du mariage. » Stobée est un compilateur grec auquel nous devons de connaître beaucoup des préceptes des philosophes grecs.

DE L'ENFANT

Q. — La loi antique n'avait-elle pas exagéré l'autorité paternelle?

R. — La loi antique avait exagéré l'autorité paternelle « sachant bien » comme le disait l'empereur Adrien (1) « que cette autorité gît dans l'amour et non dans l'atrocité. » A qui donc confier un fils si on ne le confie pas à son père? Quel juge sera jamais plus enclin à pardonner, plus prêt à reculer devant le châtiment? La loi antique abandonnait l'enfant à celui qui est le plus capable de l'aimer, au père, sous les yeux de la mère toujours prête à intercéder en sa faveur. L'antiquité a confiance dans la nature de l'homme et dans l'amour filial et cette confiance va si loin que Solon (2) n'édicta pas de peines contre le parricide « parce qu'il ne croyait pas que ce fût un crime possible? »

Q. — Quels sont les devoirs des enfants envers leurs parents?

(1) L'empereur Adrien, 14ᵉ empereur des Romains, an de Rome 829 (an 76 av. notre ère). Il avait un infatigable désir de connaître. Son secrétaire était l'historien Suétone.

(2) Solon, né en 638, mort en 558 avant notre ère. Il fut un des sept sages de la Grèce et le législateur d'Athènes, et un sage véritable qui sut allier la raison et les productions sérieuses aux productions légères et aux plaisirs. Il se mêla des affaires publiques lors de la guerre entre Athènes et Mégare. Les Athéniens, découragés par leurs revers, avaient défendu de jamais prononcer une parole ni produire un écrit pour revendiquer la possession de Salamine. Solon contrefit l'insensé et les engagea à continuer la guerre. Les Athéniens vainquirent à la fin, et Solon fut nommé archonte. Il refusa la tyrannie quand elle lui fut offerte et mit fin aux troubles qui désolaient l'Attique. Il donna ensuite ses lois.

R. — Les enfants étant dans la relation la plus étroite avec ceux dont ils ont reçu le jour, la nourriture et l'éducation, *sont tenus d'observer vis-à-vis de leurs parents l'obéissance, la déférence, le respect et l'honneur*, et ils doivent leur rendre tous les services, leur donner tous les secours, qu'ordonnent leur situation et leur reconnaissance.

DE LA FAMILLE

Q. — Qu'est-ce que la famille?

R. — *La famille est une société domestique qui consti-*

La famille.

tue le premier des états naturels de l'homme; c'est aussi une société civile établie par la nature. Elle se compose intrinsèquement du mari, de l'épouse et des enfants, et extrinsèquement des aïeux, collatéraux et alliés.

Q. — Doit-on aimer la famille?

R. — On doit aimer la famille par-dessus toutes choses (1).

DE L'AMOUR DU PROCHAIN

Q. — L'homme doit-il aimer son prochain?

R. — Il le doit et il l'aime en effet. *L'amour du prochain* est de tous les sentiments le plus juste et le plus utile. Et le sage chinois Khoung-tseu nous a le premier appris que : « *Il faut aimer son prochain comme soi-même.* »

(1) « Ce qui unit les membres de la famille antique, dit Fustel de Coulanges, c'est quelque chose de plus puissant que la naissance, que le sentiment, que la force physique : c'est la religion du foyer et des ancêtres. Elle fait que la famille forme un corps dans cette vie et dans l'autre. La famille antique est une association religieuse plus encore qu'une association de nature. L'ancienne langue grecque avait un mot bien significatif pour désigner une famille : on disait *ce qui est auprès d'un foyer*. Une famille était un groupe de personnes auxquelles la religion permettait d'invoquer le même foyer et d'offrir le repas funèbre aux mêmes ancêtres... L'homme, après la mort, était réputé un être heureux et divin. Une famille qui s'éteint, c'est un culte qui meurt. Il faut se représenter ces familles à l'époque où ces croyances ne se sont pas encore altérées. Chacune d'elles possède une religion et des dieux, précieux dépôt sur lequel elle doit veiller. Le plus grand malheur que sa piété ait à craindre est que sa lignée ne s'arrête. Car alors sa religion disparaîtrait de la terre, son foyer serait éteint, toute la série de ses morts tomberait dans l'oubli et dans l'éternelle misère. Le grand intérêt de la vie humaine est de continuer la descendance pour continuer le culte. »

DE L'ANTAGONISME, DE LA GUERRE ET DU PARDON
DES OFFENSES

Q. — L'homme peut-il faire du mal à un autre homme?

R. — Non, l'homme ne doit faire de mal à personne.

Q. — La guerre entre les hommes est donc condamnable?

R. — *La guerre est une abominable calamité. L'état naturel de l'homme est la paix* qui lui permet de vivre en relations cordiales avec les hommes de toutes les villes et de toutes les nations et de se livrer tranquillement à son industrie. La guerre est une surprise ou une vengeance. Comme surprise, elle est assimilable au guet-apens et aussi préjudiciable à celui qui se défend qu'à celui qui attaque ; comme vengeance, elle nuit autant au vainqueur qu'au vaincu et éternise l'antagonisme établi ainsi ; en déplaçant seulement le désir de la vengeance. Aussi n'est-il pas philosophiquement bon de se venger. Khoung-tseu dit : « Le sage se venge par des bienfaits ». Pittacus (1), un des sept sages de la Grèce, était d'avis que « La clémence est préférable aux remords de la vengeance, » et il ajoutait : « Ne médis pas de tes amis, non pas même de tes ennemis. » Diogène Laërce (2) rapporte : « qu'on doit obliger ses amis pour se les rendre plus intimes, et ses ennemis pour

(1) Pittacus, né à Mytilène 652 av. notre ère. On lit dans Diogène Laërce plusieurs préceptes qui font foi de sa sagesse.

(2) Diogène Laërce, de la ville de Laërte, en Cilicie, dut vivre sous Septime Sévère et Caracalla. Il a laissé un ouvrage qui contient la vie, les dogmes, les dits, des anciens philosophes.

s'en faire des amis (1). » Un jour, on disait à Diogène (2) : « Apprends-moi par quel moyen me venger? » Le Cynique répondit : « En devenant plus vertueux. » On trouve ceci dans le livre des Brahmanes : « Le devoir du juste exige que non seulement il pardonne à son meurtrier, mais encore qu'il lui fasse du bien au moment même où celui-ci le tue, ainsi que l'arbre de santal qui, au moment où il tombe, parfume la hache qui l'a frappé. » Les anciens condamnaient la guerre et cherchaient, quand elle éclatait à la rendre moins barbare. On voit Cicéron tenir le même langage que Zénon (3). Les stoïciens considéraient la terre

(1) Quel esprit de mansuétude, de pardon, de charité et d'amour règne dans la philosophie antique! Comment a-t-on osé déclarer que la charité était une vertu essentiellement chrétienne, quand Jupiter est le Dieu de l'hospitalité, quand on doit recevoir en son nom les étrangers et les suppliants, « les vénérables indigents », ceux qu'il fallait « traiter comme des frères », quand il n'y avait pas un Dieu qui n'enseignât qu'il fallait s'aider les uns les autres !

(2) Diogène le Cynique, né à Sinope, ville d'Asie Mineure. Il porta à l'excès le mépris des richesses et des usages reçus. Il disait communément que toutes les imprécations des tragiques s'étaient réalisées en lui parce qu'il était exilé, sans patrie, sans habitation, errant, et vivant au jour le jour en mendiant son pain.

(3) Zénon, né à Cittium, dans l'île de Chypre, vers l'an 358 av. notre ère, mort vers 260. C'est le fondateur du stoïcisme! Élève de Cratès et disciple de Diogène, il rejeta bientôt tout ce que l'école cynique contient de mépris pour soi-même, pour les usages, et de dédain pour les recherches intellectuelles. Il garda de ses maîtres le renoncement aux besoins factices, au superflu, la domination sur soi-même, l'empire sur ses passions. Après avoir passé vingt ans dans l'étude, il se mit à enseigner sous le beau portique de l'agora, *stoa*, d'où on nomma les *stoïques* ceux qui firent profession d'une vie frugale et d'une grande pureté de mœurs.

comme une même cité, le genre humain comme une même famille (1).

DE LA PATRIE

Q. — Qu'est-ce que la patrie ?
R. — *La Patrie* est l'extension sociale de la famille.

Il faut aimer sa patrie et se sacrifier pour elle.

(1) Caton nous dit, dans Lucain : Il ne vit pas pour lui, mais pour le genre humain.

« C'est, dit Volney (1), la communauté des citoyens qui, réunis par des sentiments fraternels et des besoins réciproques, font de leurs forces respectives une force commune, dont la réaction sur chacun d'eux prend le caractère conservateur et bienfaisant de la paternité. »

Q. — Doit-on aimer sa patrie?

R. — C'est ce qu'on doit aimer le plus après sa famille.

Q. — Doit-on se sacrifier pour elle?

R. — Oui, jusqu'au jour où, le progrès aidant, les frontières seront abaissées, les guerres finies, et où on ne connaîtra plus que la Société.

DE LA SOCIÉTÉ

Q. — Qu'est-ce que la Société?

R. — Par *Société* on entend *l'humanité elle-même*, la somme des êtres et des familles qui la composent sans distinction de caste, de nation et de couleur. Quand on demande ce que c'est que la Société, il faut répondre ce que Socrate répondit à celui qui lui demandait quelle était sa patrie : « *Toute la Terre.* »

Q. — Pourquoi l'homme vit-il en société?

R. — Parce que ses aptitudes et ses besoins l'obligent à avoir recours à ses semblables.

Q. — Que pense la philosophie antique de la société des hommes?

R. — Cicéron dit : « Tout homme par cela même qu'il est homme n'est pas un étranger pour un autre homme, » ce qui est, à peu près, la traduction du fameux vers de Térence (2) : « Je suis homme et rien

(1) Volney, philosophe français, né en 1757, mort en 1820.
(2) Térence, poète latin, né en Afrique vers l'an 561 de Rome.

de ce qui touche les hommes ne m'est étranger. »
Senèque (1) a écrit aussi : « L'homme est une chose
sacrée pour l'homme. » Aristote déclare « que la vie
sociale est pour l'homme un penchant impérieux de la
nature. » Et Diderot : « Hors de la société l'homme ne
saurait ni développer, ni perfectionner ses facultés, ni
se procurer le vrai et solide bonheur. »

Q. — Quel tableau Cicéron nous présente-t-il de la
Société ?

R. — « De tout ce qui est honnête » dit Cicéron « rien
n'a plus d'éclat et ne s'étend plus loin que l'union des
hommes avec les hommes, cette association dont tous
les avantages se confondent, cette charité commune.

(1) Sénèque, né à Cordoue l'an 2 ou 3 de Jésus-Christ, vint à
Rome où il étudia de bonne heure la philosophie près des
pythagoriciens Attale et Sotion. Sa vie fut partagée entre ses
goûts pour la philosophie et son penchant pour les honneurs
et les richesses. Lorsque Agrippine devint la femme de
Claude, il fut chargé, avec Burrhus, de l'éducation de Néron.
Dès lors, partagé entre la puissance et ses réflexions philosophiques, on le voit sacrifier le plus souvent celles-ci à celle-là,
jusqu'au jour où, impliqué dans la conspiration de Pison, il
fut réduit à se donner la mort en s'ouvrant les quatre veines.

En philosophie, Sénèque est une manière de stoïcien qui
cherche à faire entrer la philosophie dans la pratique. Le philosophe est le médecin des âmes et la philosophie est le bien
commun de tous. Il fait l'éloge de l'impossibilité absolue ; il s'é-
lève contre les passions ; il a des axiomes comme ceux-ci :
« Agissez avec vos inférieurs comme vous voudriez que vos inférieurs agissent envers vous... Ne vous permettez rien que vous
ne puissiez faire devant votre ennemi... Montrez à ceux qui font
le mal des sentiments doux et paternels, et vous souvenez que
nul n'a le droit de s'absoudre soi-même et de se déclarer innocent. »

Cette morale convenait si bien aux pères de l'Église qu'après
avoir entendu Lactance louer Sénèque, ils manquèrent de le regarder comme un des fondateurs du christianisme.

cet amour de l'humanité. Le sentiment dont je parle commence d'abord par l'amour du père pour ses enfants, puis, joignant les familles par les liens du mariage et de l'affinité, il s'étend au dehors ; premièrement par les branches des parentés plus éloignées, ensuite des alliances et des amitiés contractées par des liaisons que forme le voisinage des demeures, par l'usage commun des mêmes coutumes et des mêmes lois, par les traités et les confédérations d'un peuple avec un autre, et enfin par le lien général de tous les hommes ensemble. »

Q. — Quels sont les fondements de la Société ?

R. — L'humanité et la sociabilité. L'humanité qui est un sentiment de bienveillance pour tous les hommes et un noble et sublime enthousiasme des peines des autres et du désir de les soulager ; la sociabilité qui est une disposition qui nous porte à faire aux hommes tout le bien qui dépend de nous, à concilier notre bonheur avec celui des autres, et à subordonner au besoin notre avantage particulier à l'avantage général.

DU TRAVAIL

Q. — A quoi l'homme emploie-t-il son activité ?

R. — Au travail.

Q. — Qu'est-ce que le travail ?

R. — *Le travail* est l'occupation par laquelle l'homme pourvoit journellement à ses besoins et à ceux de sa famille, et par laquelle il assure l'existence des siens et de lui-même pour le jour où il ne lui sera plus possible de travailler.

Q. — Le travail est-il nécessaire à l'homme ?

R. — La fortune peut faire que l'homme n'ait pas

besoin de gagner sa vie, mais il n'est jamais moralement dispensé de travailler, et l'on peut ajouter que le
travail est nécessaire pour la sérénité de son esprit
et la santé de son corps. Le travail entretient les
forces de l'homme, la liberté de sa pensée, et sauve-
garde sa vertu. Tout homme oisif, tout homme dont
l'existence est sans but, est bientôt corrompu, et de
corrompu il devient corrupteur. Un empereur de la
Chine disait : « S'il y a dans quelque coin de mon
Empire un homme qui ne fasse rien, il y en a certainement un autre qui souffre par l'oisiveté de celui-là. »
J.-J. Rousseau à dit aussi : « Tout homme oisif est un
fripon. »

DE LA PROPRIÉTÉ

Q. — Qu'est-ce que la propriété ?

R. — *La propriété est l'usufruit sans abus de l'homme
sur les choses inanimées et les animaux.*

Q. — Comment Volney définit-il la propriété ?

R. — Volney dit que la propriété est un attribut
physique de l'homme en ce que tout homme étant
constitué égal ou semblable à un autre, et, par conséquent, indépendant et libre, chacun est le maître
absolu, le propriétaire plénier de son corps et des produits de son travail

Q. — La propriété est-elle équitable en soi ?

R. — Oui, dans tout état social où, sans distinction aucune, les citoyens peuvent l'acquérir et en jouir,
et où elle est appelée à changer de mains en se parta-
geant indéfiniment.

Q. — La propriété est-elle morale ?

R. — *Oui, car la possession est un des plus puissants*

mobiles de l'activité humaine. L'homme qui, pour acquérir l'aisance amasse une certaine somme de biens a
besoin de garantir ces biens et de les rendre productifs
eux-mêmes, parce que la fortune improductive est préjudiciable à la société. Il acquiert donc une propriété
quelconque, soit d'un outil, soit d'un champ, qui,
entre ses mains, devient un nouvel instrument de travail et de production. *La propriété est la juste et nécessaire récompense du travail.*

Q. — La propriété doit-elle être réglementée?

R. — Oui, mais non limitée. Avec Chateaubriand (1),
nous ne pouvons concevoir en principe « un ordre
social dans lequel un homme compte un million de
revenu tandis qu'un autre homme n'a pas de quoi
payer son dîner, » mais nous ne pouvons consentir à
ce que demande Montesquieu (2) : « que les lois par
leurs dispositions doivent diviser les fortunes à mesure
que le commerce les grossit, » ce qui ferait que tout
citoyen, arrivé à la limite de ce qu'il lui serait permis
de posséder, ne travaillerait plus. On ne peut tracer de
limites à la propriété. En somme, il y a deux états pos-

---

(1) Chateaubriand, né en 1768, près de Saint-Malo, fut un des
hommes infâmes qui se battirent contre leur pays dans les
rangs de l'émigration.

(2) Montesquieu, publiciste français, né en 1689, mort en
1755, raisonneur, observateur et critique, son esprit s'est
exercé sur tout, depuis ce chef-d'œuvre intitulé *Lettres per-
sanes,* jusqu'aux *Causes de la grandeur et de la décadence
des Romains* et l'*Esprit des Lois.* Malgré bien des idées qui
nous paraissent aujourd'hui fausses tandis qu'elles paraissaient
justes au siècle dernier, telles que celle de regarder la société
comme assise sur des principes immuables et la religion chrétienne comme assurant notre bonheur en ce monde, son œuvre
n'en conserve pas moins une très grande valeur et renferme des
déductions ingénieuses et profondes.

sibles : le communisme et la propriété individuelle. Le communisme est la négation des aptitudes personnelles de l'homme que la lutte pour l'existence et la soif de la possession incitent par-dessus tout au travail. La propriété individuelle s'adapte mieux à la nature de l'homme. La propriété quelque grande qu'elle soit qui se divise et se subdivise à l'infini par les héritages et les acquisitions, est bonne. La propriété qui ne se divise pas et demeure impersonnelle est mauvaise, et ne doit pas être tolérée par des lois sages et prévoyantes (1).

DU BIEN ET DU MAL

Q. — Sur quoi l'homme doit-il baser ses actions ?

R. — Sur la distinction du bien d'avec le mal.

Q. — Comment distingue-t-on le mal du bien ?

R. — Voici la réponse de Cicéron à cette question : « *La conscience fait assez sentir ce qui est vice ou vertu,* elle édicte la loi et l'applique, elle est à la fois juge et législateur. »

Q. — Quelle réponse nous fournit Antiochus ?

R. — Antiochus (2) dit : « Tout ce qui convient à sa nature, par conséquent tout ce que l'homme appète et recherche par amour de lui-même est bon, et mal tout ce qui est contraire à sa nature. »

Q. — Que faut-il pour qu'on ait confiance en la nature de l'homme ?

R. — *Il faut que cette nature n'ait point été viciée par*

(1) Telle est cependant la main-morte des gens d'Église qui est une honte pour la société moderne.

(2) Antiochus, disciple de Philon et chef de la Ve Académie, esprit fin, élégant et facile, entreprit de concilier avec la religion la philosophie d'Aristote et celle de Xénophon.

une éducation fausse, mais qu'elle ait été au contraire développée par une éducation conforme à la vie terrestre, à la science, et à la dignité humaine.

Le mal et le bien.

Q. — L'homme n'a donc besoin que de lui pour trouver sa loi ?

R. — L'homme qui raisonne sur sa nature et veille sur ses relations avec ses semblables peut trouver sa loi en lui-même, mais il doit rechercher les idées qui peuvent le guider chez ceux qui s'occupent de science et chez les philosophes, et s'enrichir autant que possible de l'expérience de ses ancêtres.

DU MAL

Q. — Qu'est-ce que le mal ?

R. — Le mal est tout ce qui peut contribuer à rendre l'homme inactif, méchant, égoïste, menteur,

ennemi de sa famille et de ses semblables, **en un mot**
ce qui est contraire à sa véritable nature.

Q. — Le mal a-t-il eu une origine?

R. — Non, car ainsi que l'a écrit Considérant (1),
« Le seul terme l'*origine du mal* est une pétition de
principe, car il suppose un état antérieur à l'origine du
mal dans lequel le mal n'existait pas, et alors comment
le bien seul et absolu aurait-il pu générer le mal? La
cause potentielle, quelle qu'elle soit, qui, préexistant
au mal, aurait généré le mal, aurait été déjà elle-même
et nécessairement le mal. Le mal est, donc il a toujours été, il entre comme élément nécessaire dans
les institutions de l'ordre universel. Il n'a point d'origine. »

Q. — Les passions de l'homme peuvent-elles générer le mal par elles-mêmes?

R. — Comme l'a écrit Fourier (2), nos passions sont
toutes bonnes et utiles, mais il faut savoir les maî-
triser et les diriger; il faut savoir s'organiser des mi-
lieux qui s'harmonisent avec leur développement et
permettent, sinon de toujours produire le bien, au
moins d'éviter toujours le mal.

DU BIEN

Q. — Qu'est-ce que le bien?

R. — Le *bien* est le développement des facultés de
l'homme conformément à sa nature. « *Le bien* » dit
Jean Reynaud (3) « *est le seul principe dont notre*

(1) Victor Considérant, ancien représentant du peuple, chef de
l'École socialiste créée par Fourier, né à Salins (Jura), en 1808.

(2) Fourier, chef de l'École socialiste française, dite phalansté-
rienne, né à Besançon le 7 juin 1772, mort en 1837.

(3) Jean Reynaud, philosophe français, né en 1806, mort en 1863.

nature ne se lasse pas, et, tôt ou tard, le mal, avec les conséquences de toutes sortes qu'il engendre la fatigue et la rebute. »

Q. — Où découvre-t-on les principes du bien ?

R. — Dans l'étude de la nature.

Q. — Quel est le bien donné à l'homme ?

R. — Laromiguière (1) nous dit : « Plaisirs des sens, plaisirs de l'esprit, plaisirs du cœur : voilà, si nous en savons user, les biens que la nature a répandus à profusion sur le chemin de la vie (2). »

DE LA MORALE

Q. — Sur quoi se fonde la morale ?

R. — Sur la distinction du bien d'avec le mal (3).

Q. — Qu'est-ce que la morale ?

R. — *La morale* est le sentiment qui nous prescrit une sage conduite et nous fournit les moyens d'y conformer nos actions : c'est le rapport entre les actions humaines et les lois librement consenties par les hommes qui ne se trouvent pas avoir besoin d'être reformées pour être devenues mauvaises à l'expérience ou au temps.

(1) Laromiguière, philosophe français, né en 1756, mort en 1837, professeur de philosophie à la Faculté des lettres.

(2) Épicure a dit qu'il y a toujours plus de bien que de mal pour les sages, parce qu'ils savent encore, en quelque état que ce soit, trouver du plaisir. — Épicure, né à Gargette, bourg d'Athènes, dans la 110e Olympiade, philosophe de Samos, presqu'uniquement disciple de Démocrite, s'attacha surtout à délivrer le monde de la superstition et de la crainte de la mort.

(3) Edmond About a écrit quelque part : « La morale *inébranlable* est celle qui ne dépend que d'elle-même et découle directement de l'idée du bien. »

Q. — Est-ce la raison humaine qui a déterminé morale ?

R. — Oui ; nous ne devons rien qu'aux hommes (

Q. — L'homme doit-il soumettre à la morale to ce qui se rapporte à sa nature ?

R. — Tout, sans exception ; *la morale et la conso ne font qu'un et elles embrassent l'ensemble des pens des actions des hommes.*

Darwin.

Q. — Le sens moral existe-t-il seulement chez hommes ?

R. — Non. Il est tellement dans la nature qu'on retrouve chez tous les animaux vivants en société q ont dû régler leur nature et régulariser leurs rapport

(1) L'homme porte la loi de la morale en lui-même, a di Kant ; pour la pratiquer librement, il ne lui faut ni l'idée d' être supérieur, ni aucun motif étranger.

ainsi que l'ont montré Darwin (1), Lubbock (2), Herbert Spencer, et d'autres encore.

(1) Darwin, naturaliste anglais contemporain, auteur du célèbre ouvrage *De l'origine des espèces par voie de sélection naturelle*. Il se posa durant vingt-deux années le problème de l'origine des espèces avant que de produire, en 1859, son livre fameux *The origin of species*. Supposez, pour vous rendre compte de sa théorie, des frères et des sœurs : ils ne sont point exactement semblables les uns aux autres ; en tout ou en partie, ils sont différents. Quels sont donc les changements intérieurs ou extérieurs qui font que les descendants de mêmes parents peuvent être classés en espèces différentes ? Si une difformité existe chez un enfant, ne peut-on faire accroître cette difformité en l'accouplant à un autre individu qui la possède aussi ? Cette difformité sera-t-elle doublée dans le produit, moins les causes indépendantes qui peuvent produire la variété ? Darwin a beaucoup expérimenté sur les pigeons, et il a démontré que si, par exemple, on avait obtenu des pigeons à jabot (pouter), c'était parce qu'on avait accouplé ceux qui, les premiers, avaient eu cette difformité qui s'était reproduite plus accentuée chez les descendants. La méthode dite *in and in* chez les Anglais, était aussi une justification de ce que Darwin a nommé *sélection*. Mais si l'homme arrivait à des résultats déterminés par une suite de petits changements et d'additions, la nature, elle, pouvait-elle opérer la sélection ? Oui, répond Darwin, car le nombre des êtres vivants dépasse de beaucoup ceux qui peuvent subsister. En conséquence, à une époque quelconque de leur vie, il doit y avoir lutte pour l'existence, et comme nous sommes en présence de variétés infinies présentant des conditions de force inégales, les variétés les plus compétentes à lutter avec les conditions extérieures sont celles qui ont pu résister et vivre. La fraction triomphante se livre à la reproduction, et elle transmet, quoique à des degrés différents, les qualités qui lui ont permis de se maintenir. La lutte recommence encore. Ce sont toujours les mieux doués qui triomphent, et l'addition des perfectionnements favorables à l'individu est de plus en plus rigoureusement effectuée. La *sélection naturelle* « agit par conservation et accumulation de légères modifications obtenues par l'hérédité, et dont chacune est favorable à l'être préservé. »

(2) Lubbock, physicien anglais, né le 26 mars 1834.

Q. — Y a-t-il une loi morale?

R. — « Il n'y a qu'une seule loi morale » a dit Marc-Aurèle (1) « qui est la raison commune à tous les êtres intelligents. »

DE LA RAISON

Q. — Qu'est-ce que la raison?

R. — *La raison* s'assimile en tout à *l'Idée* ou *esprit* dont elle est comme la synthèse; elle soumet l'imagination à la réflexion, et s'établit par la comparaison ou l'expérience.

Q. — Que dit Cicéron de la raison?

R. — Cicéron dit : « Il est une loi véritable, la droite raison, conforme à la nature universelle, invariable, éternelle, dont la voix enseigne le bien qu'elle a donné et détourne du mal qu'elle défend. On ne peut ni l'infirmer par une autre loi, ni en rien retrancher, ni l'abroger toute entière. Ni le peuple, ni le Sénat ne peuvent dispenser d'y obéir. Ne lui cherchez d'autre commentateur, d'autre interprète qu'elle-même. Elle ne sera pas autre dans Rome, autre dans Athènes, autre aujourd'hui, autre demain : chez tous les peuples et dans tous les temps règnera cette loi éternelle, immuable. *Refuser de lui obéir, c'est s'abjurer soi-même*, c'est fouler aux pieds la nature humaine et s'infliger par cela seul le plus cruel châtiment; quand même on éviterait tous les autres supplices inventés par les hommes. »

(1) Marc-Aurèle, empereur romain et philosophe stoïque, né à Rome le 26 avril 121, mort en 180. C'est lui qui aimait à répéter avec Platon « que les peuples seraient heureux si les philosophes étaient rois ou si les rois étaient philosophes. »

Q. — Comment les Stoïciens recommandaient-ils la raison?

R. — Les disciples de Zénon (1) disaient : « Il faut vivre conformément à la nature humaine, et *le souverain bien de l'homme consiste dans la vertu, c'est-à-dire dans les lumières de la droite raison.* »

Q. — Ne peut-on appliquer à la raison ce que Bayle disait de la science?

R. — Oui, on peut dire avec Bayle que la raison « produit tout ensemble l'évidence de l'objet et la pleine certitude de la persuasion. »

DU DEVOIR

Q. — Qu'est-ce que le devoir?

R. — Le *devoir* se confond avec la *raison*, la *morale*, le *droit* et la *vertu*. Il consiste *à nous rendre dévoués à nos affections*, aux lois que nous avons consenties, et rebelles à l'oppression.

Q. — Le devoir est-il le même pour tous?

R. — Le sage Khoung-tseu a dit : « Depuis l'homme le plus élevé en dignité jusqu'au plus humble et au plus obscur, le devoir est le même pour tous : corriger et améliorer sa personne ; le perfectionnement de soi-même, telle est la base fondamentale de tout progrès et de tout développement moral. »

Q. — Doit-on remplir son devoir dans l'espoir d'une récompense?

R. — Non ; Kant (2) écrit : « La plus grande

(1) Zénon d'Élée vivait environ 500 av. notre ère. Il fut, au rapport de Diogène Laërce, l'imitateur de Socrate.

(2) Kant, mathématicien et philosophe allemand, né à Kœnigs-berg, où il demeura toute sa vie, le 22 avril 1724, mort le 12 fé-

perfection de l'homme est de remplir son devoir par devoir. »

Q. — Peut-on se laisser détourner de son devoir ?

R. — Non, l'école stoïque nous apprend que : « On ne doit jamais se laisser détourner de son devoir, ni par la crainte de la mort, ni par celle des tourments, ni par l'appât d'un bien nécessaire à la vie. »

DE LA LOI

Q. — Qu'est-ce qu'une loi ?

R. — *Une loi est une vérité naturelle que l'on formule* et à laquelle on consent à conformer sa conduite.

Q. — Quelles sont les conditions nécessaires pour qu'une loi soit bonne ?

R. — Il faut qu'elle n'ait rien de contraire à la nature de l'homme, ni à ses aspirations ; il faut qu'elle s'identifie avec l'époque dans laquelle elle est en

vrier 1804. Il menait la même existence régulière qu'il mena toujours quand il publia sa *Critique de la raison pure*, raison qu'il définit lui-même ainsi dans la critique du jugement : « La raison pure, c'est la faculté de connaître d'après les principes *à priori ;* la discussion de la possibilité de ces principes constitue *la critique de la raison pure.* » Il est nécessaire d'établir quelque chose qui ne soit point fictif et qui retienne l'imagination, prompte aux suppositions irrationnelles, ce quelque chose, c'est la *possibilité* des faits en général.

La *possibilité* repose sur l'expérience. L'expérience est presque la certitude, puisqu'elle conduit à des propositions synthétiques *à posteriori* (synthétique de *synthèse,* application de termes de chimie au raisonnement. La *synthèse* est la reconstitution des éléments en un composé, de même que l'*analyse* est la résolution du composé en ses éléments). Quelle est la morale ? Ce qui donne la forme. C'est l'espace, le temps, et notre faculté de recevoir les impressions.

vigueur ; elle doit garantir la liberté individuelle de l'homme et son libre arbitre, et ne limiter ses actions qu'à ce qui pourrait nuire directement aux autres membres de la société humaine.

Q. — Y a-t-il des lois immuables ?

R. — Il n'y a rien d'immuable, dans le domaine social surtout ; les idées se transforment, les générations se succèdent et une loi n'est jamais qu'une disposition transitoire qui doit être aisément changée, selon les besoins.

DU DROIT

Q. — Sur quoi doit-on baser la loi ?

R. — Sur *le droit* qui s'appuie lui-même sur la morale et la vertu ou justice.

Q. — Quels sont les principaux droits de l'homme ?

R. — Les voici tels que l'immortelle **Révolution française,** à laquelle les hommes du monde entier, qui auparavant étaient esclaves, doivent d'être des citoyens, les proclama dans sa DÉCLARATION DES DROITS DE L'HOMME : « *Art.* 1er. Les hommes naissent et demeurent libres et égaux. Les distinctions sociales ne peuvent être fondées que sur l'utilité commune. — *Art.* 2. Le but de toute association politique est la conservation des droits naturels et imprescriptibles de l'homme. Ces droits sont : la liberté, la propriété, la sûreté et la résistance à l'oppression. — *Art.* 3. Le principe de toute souveraineté réside expressément dans la nation. Nul corps, nul individu, ne peut exercer d'autorité qui n'en émane expressément. — *Art.* 4. La liberté consiste à pouvoir faire tout ce qui ne nuit pas à autrui : ainsi l'exercice des droits naturels de chaque homme, n'a de bornes que celles qui assurent aux autres membres de la société la jouissance de ces mêmes droits. Ces bornes ne peuvent être déterminées

Vive la république !

que par la loi. — *Art.* 5. La loi n'a le droit de défendre que les actions nuisibles à la Société. Tout ce qui n'est pas défendu par la loi ne peut être empêché, et nul ne peut être contraint à faire ce qu'elle n'ordonne pas. — *Art.* 6. La loi est l'expression de la volonté générale. Tous les citoyens ont droit de concourir personnellement ou par leurs représentants à sa formation. Elle doit être la même pour tous, soit qu'elle protège, soit qu'elle punisse. Tous les citoyens sont égaux à ses yeux, sont également admissibles à toutes dignités, places et emplois publics, selon leurs capacités et sans autre distinction que celle de leurs vertus ou de leurs talents. — *Art.* 10. Nul ne doit être inquiété pour ses opinions, même religieuses, pourvu que leur manifestation ne trouble pas l'ordre établi par la loi. — *Art.* 11. La libre communication des pensées et des opinions est un des droits les plus précieux de l'homme ; tout citoyen peut donc parler, écrire, imprimer librement, sauf à répondre de l'abus de cette liberté dans les cas déterminés par la loi. »

Q. Quelle est la seule forme de gouvernement compatible avec l'exercice de toutes les libertés ?

R. — **LA RÉPUBLIQUE.**

DE LA RÉVOLTE.

Q. — Si, dans une nation, un ou plusieurs individus parviennent à imposer par la violence une loi contraire à la nature ou au droit, l'homme doit-il la subir ?

R. — Non, *l'homme doit se révolter*. Un empereur de la Chine demandait au sage Meng-tseu (1) : « Un mi-

(1) Meng-tseu, en latin Mencius, né à Tséou, province de Chang-oung dans la première moitié du IVe siècle avant notre ère. Il ne réussit pas dans ses prédications et imita son prédécesseur Khoung-tseu en revisant le *Chin-King* (livres des livres). Il exposa sa propre doctrine dans un livre qui porte le nom de

nistre ou un sujet a-t-il le droit de tuer son prince ? »
Le sage répondit : « Celui qui fait un vol à l'humanité
est appelé *voleur* ; celui qui fait un vol à la justice est
appelé *tyran*. Or, un voleur et un tyran sont des
hommes appelés *isolés* ou *réprouvés :* on peut donc jus-
tement les tuer. » Les anciens disaient communément
ce que Cicéron nous rapporte ainsi : « Point de Société
entre nous et les tyrans ; il est honorable de les tuer
quand on le peut : c'est une race pestilentielle et impie
qu'il faut exterminer du milieu des hommes. » Guizot enfin nous dit, en parlant de l'*insurrection :* « Si,
du point mystérieux où il réside, *ce grand droit social*
ne pesait sur la tête des pouvoirs mêmes qui te-
nient, depuis longtemps le genre humain, tombé
sous le joug, *aurait perdu toute dignité comme tout
honneur.* »

DE LA VERTU OU JUSTICE

Q. — Qu'est-ce que la vertu ou justice ?

R. — *La vertu* est pour ainsi dire la quintessence
de la morale ; elle est, comme le dit Cicéron : « la
nature perfectionnée en elle-même et portée à son plus
haut terme. » On ne peut séparer la vertu de la justice
qui nous fait rendre aux autres hommes et à nous-
mêmes ce qui est dû à chacun. La justice comprend
tous nos devoirs, tous nos droits ; être juste et être vertueux est même chose. Cicéron voit dans la justice la
plus grande splendeur de la vertu et exige qu'elle soit

Meng-tse-Chou. Il regarde l'homme comme absolument bon,
et, à ses yeux, la vertu consiste à pratiquer l'humanité et la
justice.

toujours accompagnée de « bonté, de douceur, de bienfaisance et autres qualités semblables. »

Q. — Doit-on pratiquer la vertu dans l'espoir d'en être récompensé d'une façon ou d'une autre?

R. — Nous laissons Sénèque répondre à cette question : « Il y a des gens qui, dans l'honnête, n'affectionnent que l'utile, qui ne trouvent aucun charme à la vertu sans profit. Ils ignorent que la vertu perd son éclat, sa grandeur, du moment où il s'y mêle quelque chose d'aussi honteux que de calculer le prix de la probité. La récompense des âmes honnêtes est en elle-même. »

Q. — Que dit Cicéron?

R. — Cicéron (1) place encore plus haut la conscience humaine : « C'est l'équité, » dit-il « c'est le droit, que chérissent tous les gens de bien. La justice ne recherche aucun prix, aucun salaire, elle est donc recherchée pour elle-même, et il en est ainsi de toutes les vertus. C'est l'extrême injustice que d'attendre le prix de la justice. Un homme qui n'est juste que parce qu'il craint, n'est point juste. »

(1) Cicéron dit : « Nous avons soutenu cette proposition *que la vertu suffit à l'homme pour le rendre heureux*, et je l'ai soutenue d'autant plus volontiers que c'est votre thèse favorite. »

Cicéron examine encore si, comme l'affirment les stoïciens le sage est toujours heureux. Il dit : « Parmi les systèmes qui ont été proposés pour le souverain bien, il s'en est conservé quatre simples. Celui des stoïciens : qu'il n'y a de bon que ce qui est honnête; Celui des épicuriens : qu'il n'y a de bon que ce qui est agréable; Celui d'Hiéronyme : qu'il n'y a de bon que la privation de la douleur; et celui qu'a voulu établir Carnéade contre les stoïciens : qu'il n'y a rien de bon que la jouissance des premiers dons de la nature, soit de tous ensemble, soit du moins des principaux. »

DE LA RÉCOMPENSE ET DU CHATIMENT

Q. — La récompense et le châtiment n'existent-ils point?

R. — Si, la récompense et le châtiment existent. C'est en *lui-même*, et vis-à-vis de ses semblables, que l'homme trouve la récompense ou le châtiment de ses pensées et de ses actions. Socrate disait : « Je prétends que quiconque est honnête et vertueux, soit homme, soit femme, est heureux, et que quiconque est injuste ou méchant, est malheureux. » Enfin Cicéron s'écrie : « *Je prétends et soutiens que tout ce qu'on fait de bien est de soi-même la récompense du bien qu'on fait.* »

Q. — L'homme qui se juge bon d'après sa propre conscience doit-il demeurer indifférent au jugement de ses semblables?

R. — Non, car l'homme peut se tromper plus facilement, étant seul, que les autres hommes avec lesquels il vit, qui sont nombreux; s'il paraît au grand jour, sans hypocrisie, avec sa nature, il trouvera toujours des hommes justes pour censurer sa conduite ou dévoiler ses torts et admirer ses vertus, et *l'estime des gens de bien sera pour lui une haute récompense.*

Q. — Où le coupable trouve-t-il son châtiment?

R. — Quand on manque « à la raison et à la justice, » dit Thiers (1) « on rencontre bientôt ici-bas un juste châtiment, » mais ce châtiment n'est pas uniquement dans les peines que la Société, qui a besoin de se protéger, vous inflige, il est encore dans les remords qui

(1) Thiers, né à Marseille, le 16 avril 1796, mort en 1877. Homme politique et historien contemporain.

accablent la conscience du coupable. Juvénal (1) dit : « Le premier châtiment du coupable est de ne pouvoir s'absoudre au tribunal de sa conscience. » Sénèque : « Le châtiment du crime est dans le crime même. » Maxime de Tyr (2) a dit : « Le plus dur châtiment du méchant est sa méchanceté même. » Enfin nous trouvons dans Bulwer-Lytton (3) que : « il n'y a pas d'angoisse comparable à celle que nous fait éprouver une faute dont nous sommes honteux. »

Q. — Mais la conscience du coupable est souvent inaccessible aux remords?

R. — Et le plus grand des châtiments est alors cette insensibilité même, et celui qui est dans cet état est puni dans l'horreur qu'il inspire à ses semblables, dans les justes douleurs qu'ils lui infligent; l'homme sans remords est regardé comme un animal immonde; il meurt retranché de la société des hommes après avoir supporté le poids de leurs colères et sans jamais avoir excité la compassion, tandis que l'homme juste meurt entouré de la considération générale et que son nom prononcé avec vénération est donné comme un exemple par les générations qui se succèdent éternellement.

(1) Juvénal, poète satirique latin né vers 42 de notre ère.

(2) Maxime de Tyr, philosophe platonicien qui compte parmi les plus illustres du IIe siècle.

(3) Bulwer-Lytton, publiciste anglais contemporain, dans les romans duquel on trouve, de temps en temps, quelques pensées philosophiques.

FIN

TABLE DES MATIÈRES

PREMIÈRE PARTIE

DE DIEU

DEUXIÈME PARTIE

DE LA RELIGION

TROISIÈME PARTIE

DE LA MORALE